Lieblingsplätze
IN UND UM
LEIPZIG
NACHHALTIG

MARISA BECKER

Aus Gründen der Lesbarkeit und Sprachästhetik wird in diesem Buch das generische Maskulinum verwendet. Mit der grammatischen Form sind ausdrücklich weibliche sowie alle anderen Geschlechtsidentitäten berücksichtigt, insofern dies durch den Kontext geboten ist.

Für das Buch wurden QR-Codes generiert, die zu den Websites der Lieblingsplätze führen. Um sie zu nutzen, öffnen Sie die Kamera-App Ihres Endgeräts und richten den Rahmen für circa drei Sekunden auf den Code. Sollte daraufhin keine Benachrichtigung erscheinen, müssen Sie ggf. das Scannen in den Einstellungen Ihres Gerätes erst aktivieren. Wenn diese Option nicht verfügbar ist, können Sie einen QR-Code-Reader von Drittanbietern in Ihrem App-Store kostenfrei herunterladen.

Alle Informationen im Buch wurden geprüft. Gleichwohl verändern sich Gegebenheiten, daher erfolgen alle Angaben ohne Gewähr. Bei Fragen zur Produktsicherheit gemäß der Verordnung über die allgemeine Produktsicherheit (GPSR) wenden Sie sich bitte an den Verlag. Sollte bei einem QR-Code ein Fehler angezeigt werden, sind wir für eine Nachricht dankbar. Auch über Ihr Feedback zum Buch freuen sich Autor und Verlag: lieblingsplaetze@gmeiner-verlag.de.

Die automatisierte Analyse des Werkes, um daraus Informationen insbesondere über Muster, Trends und Korrelationen gemäß § 44b UrhG (»Text und Data Mining«) zu gewinnen, ist untersagt.

Besuchen Sie uns im Internet:
www.gmeiner-verlag.de

1. Auflage 2025
© 2025 – Gmeiner-Verlag GmbH
Im Ehnried 5, 88605 Meßkirch
Telefon 07575/2095-0
info@gmeiner-verlag.de
Alle Rechte vorbehalten

QR-Code einscannen
und kostenloses
E-Book anfordern.

Lektorat/Redaktion: Ricarda Dück
Herstellung: Julia Franze
Bildbearbeitung/Umschlaggestaltung: Susanne Lutz
unter Verwendung der Illustrationen von © GDJ – pixabay.com; SimpLine, GoodStudio, wongsalam37, adidesigner23 – stock.adobe.com; Susanne Lutz
Kartendesign: © Printmaps.net / OSM Contributors
Druck: AZ Druck und Datentechnik GmbH, Kempten
Printed in Germany
ISBN 978-3-8392-0804-5

Vorwort • Eine nachhaltige Liebeserklärung
Die ultimative grüne Stadt — 8

Zentrum und Süden

1. **Zentrum** • Filiale des Weltladens Connewitz
   Eine Reise um den Globus — 13
2. ⭐ **Zentrum** • Macis Bio-Komplex
   Ein kulinarisches Highlight 🍴 — 15
3. **Zentrum** • Second-Hand-Shop Oxfam
   Einkaufen für den guten Zweck — 17
4. **Zentrum** • Leipziger Kleiderei des Labels Blutsgeschwister
   Grüne Gute-Laune-Mode — 19
5. **Zentrum** • Fair-Fashion-Store Grünschnabel
   Leipziger Pionierarbeit — 21
6. **Zentrum** • Holzmanufaktur Zirbenherz
   Ankommen und durchatmen — 23
7. **Zentrum** • Bunte Büchothek
   Ein Ort der Begegnung 👪 — 25
8. **Zentrum** • Schuhgeschäft Sorbas
   Treter für Umweltbewusste — 27
9. **Zentrum-West** • Cliff's Brauwerk
   Leipzigs erste Mikrobrauerei 🍴 — 29
10. **Zentrum-West** • Brotprofi
    Leidenschaft zum Handwerk 🍴 — 31
11. **Zentrum-Südost** • Botanischer Garten
    Eine grüne Oase im Herzen Leipzigs 👪 — 33
12. **Südvorstadt** • Restaurant Kaspar Schmauser
    Bunte pflanzliche Bowls 🍴 — 35
13. **Südvorstadt** • Indoor-Spielstätte Kawi-Kids
    Bewegungsspaß für die Kleinsten 👪 — 37
14. **Südvorstadt** • Fair-Fashion-Shop Mrs. Hippie
    Geh bunt! — 39
15. **Südvorstadt** • Einfach Unverpackt
    Der erste Laden seiner Art — 41
16. **Südvorstadt** • Leipziger Kindermodelabel Coquetón
    Langlebig und multifunktional — 43

17	**Südvorstadt** ▸ Umstandsmodegeschäft hej.mom.	
	Die (werdenden) Muttis gehen öko	45
18	**Südvorstadt** ▸ Kunsthandwerksladen Vielfach	
	Plattform für Selbstgemachtes	47
19	**Südvorstadt** ▸ Second-Hand-Shop ReSales	
	Eine zweite Chance	49
20	**Südvorstadt** ▸ Kinderausstattung LeLo karli123	
	Einmal alles öko, bitte!	51
21	**Connewitz** ▸ Umweltbibliothek Leipzig	
	Ein geschichtsträchtiger Ort	53
22	**Connewitz** ▸ Kulturfabrik Werk 2	
	Dauerbrenner in der Szene	55
23	**Connewitz** ▸ Naturbackstube	
	Mit Liebe gebacken	57
24	**Connewitz** ▸ Veganer Sexshop Juicy	
	Erotik mal anders	59
25	**Connewitz** ▸ Wildpark Leipzig	
	Auszeit im Grünen	61

Westen

26	**Lindenau** ▸ Robyn Chamberlain – Goldschmiede und Weberei	
	Tradition mit grüner Zukunft	65
27	**Lindenau** ▸ Reparatur-Café Kaputt	
	Hilfe zur Selbsthilfe	67
28	**Altlindenau** ▸ Gemeinnütziges Restaurant Pizza Lab	
	Ein Labor für die Ökologie!	69
29	**Altlindenau** ▸ Offene Materialwerkstatt KrimZkrams	
	Ab in die nächste Runde!	71
30	**Lindenau** ▸ Nachbarschaftsgarten Lindenau	
	Ein Rückzugsort im Stadtdschungel	73
31	**Lindenau** ▸ Second-Hand- und Kunsthandwerk-Shop Kazimir	
	Kleine Schatzkammer	75
32	**Lindenau** ▸ Modelabel little kiwi	
	Bunte grüne Basics	77

33	**Lindenau** • Kunst- und Kulturzentrum Spinnerei	
	Kreativer Kosmos	79
34	**Plagwitz** • Rosentreter Modedesign	
	Qualität von hier	81
35	**Plagwitz** • Concept Store deepmello & friends	
	Die mit dem Rhabarberleder	83
36	**Plagwitz** • Unverpackt-Laden Lieber Lose	
	Einmal ohne, bitte!	85
⭐ 37	**Plagwitz** • Plagwitzer Markthalle	
	Regionale frische Produkte 🍴	87
38	**Plagwitz** • Umsonstladen	
	Alles kostenlos	89
39	**Plagwitz** • Tauschladen	
	Gebrauchtes sinnvoll einsetzen	91
40	**Plagwitz** • Bauspielplatz Wilder Westen	
	Recyceln für Kids 👪	93
41	**Plagwitz** • Hildegarten	
	Ernte für alle 👪	95
42	**Plagwitz** • Atelier Wolkengold	
	Nachhaltig und handgemacht	97
43	**Plagwitz** • Geschenkeladen Schwesterchen & Schwesterchen	
	Feines & Schönes	99
44	**Schleußig** • Tauschbox	
	Geben und nehmen	101
45	**Schleußig** • Roots. Pflanzencafé	
	Grün über Grün 🍴	103
46	**Schleußig** • Boutique *Brautkleid sucht Braut*	
	Der schönste (grüne) Tag im Leben	105
47	**Schleußig** • Laden *Kunst und Katze*	
	Faires Handwerk	107
⭐ 48	**Schleußig** • Boutique Fanö Mode	
	Sorgfältig und achtsam kuratiert	109
49	**Schleußig** • Salbenmanufaktur *Beti Lue. zu Leipzig*	
	Natürliche Pflege	111

	50	**Schleußig** • Kindermodeladen Rotznasen	
		Freches für Kinder	113
★	51	**Schleußig** • Tonis Organic Icecream	
		Bestes Bio-Eis 🍴	115

Norden und Osten

	52	**Wahren** • Kinderspielplatz Auensee	
		Toben und Erholen	119
	53	**Lindenthal** • Ökobad Lindenthal	
		Schwimmen im Naturteich	121
★	54	**Gohlis** • Bastelcafé Feenhandwerk	
		Upcycling für Klein und Groß	123
	55	**Gohlis** • Naturleder-Atelier Franziska Klee	
		Pflanzlich gegerbt und handgemacht	125
	56	**Gohlis** • Erikas Eisdiele	
		Experimentier-Faktor in bio 🍴	127
	57	**Gohlis** • Indoor-Spielplatz *Hummelbienchen Kinderwelt*	
		Grün überdacht	129
	58	**Gohlis** • Naturdrogerie Sturm	
		Altes Geschäft neu gedacht	131
	59	**Gohlis** • Mode- und Yogageschäft om.sein.	
		Für mehr Spiritualität	133
	60	**Reudnitz** • Unverpackt-Laden *Locker und Lose*	
		Aus einhundert Prozent Überzeugung	135
	61	**Reudnitz** • Tauschregal Lene-Voigt-Park	
		Zum Mitnehmen	137
	62	**Reudnitz** • Modelabel Schleifenfänger	
		Brautkleider nach Maß	139
★	63	**Reudnitz** • Familienerlebnisgarten	
		Entdeckungstour für Groß und Klein	141
★	64	**Volkmarsdorf** • Veganer Imbiss Vleischerei	
		Fast Food ohne Tierleid 🍴	143

65	**Sellerhausen** • Sozialwarenhaus	
	Möbel aus zweiter Hand	145
66	**Stötteritz** • Café-Bar NOSCH.La Tortita	
	Kreative vegane Küche 🍴	147
67	**Liebertwolkwitz** • Bio-Hof ernte-mich	
	Permakultur in der Stadt 👨‍👩‍👧	149
68	**Dölitz-Dösen/Markkleeberg** • agra Messepark	
	Erfolgreiche Verwandlung	151

Umland

⭐ 69	**Markkleeberg** • Café Brot & Kees	
	Natürlich lecker 🍴	155
70	**Markkleeberg** • Steinerlebnisplatz am Markkleeberger See	
	Erfrischung im Sommer 👨‍👩‍👧	157
⭐ 71	**Großpösna** • Botanischer Garten Oberholz	
	Flora und Fauna erleben 👨‍👩‍👧	159
72	**Großpösna** • Waldspielplatz Oberholz mit Naturlehrpfad	
	Kleinod unter Wipfeln 👨‍👩‍👧	161
⭐ 73	**Naunhof** • Kulturhaus Altes Kranwerk	
	Landpartie 👨‍👩‍👧	163
74	**Naunhof-Albrechtshain** • Kletterwald Leipzig	
	Für die, die hoch hinauswollen 👨‍👩‍👧	165
75	**Brandis** • Kirchbruch und Bergkirche Beucha	
	Ein absoluter Geheimtipp 👨‍👩‍👧	167
76	**Baalsdorf** • Linke-Hof	
	Demeter-Landwirtschaft hautnah 👨‍👩‍👧	169
77	**Grimma/Nerchau** • Bauunternehmen Hejmo Homes	
	Ein grünes Tiny House	171
78	**Grimma** • Freizeitzentrum Rauszeit Höfgen	
	Wichtelzauber für die ganze Familie 👨‍👩‍👧	173

Die ultimative grüne Stadt
Eine nachhaltige Liebeserklärung

Leipzig wurde vom *Sustain Europe*-Magazin 2022 zur »ultimate sustainable travel destination« Deutschlands erklärt. Zu Recht, wie ich finde, denn Leipzig hat in Sachen Nachhaltigkeit enorm viel zu bieten: Rund ein Drittel des Stadtgebiets bilden Parks, Wälder und Grünflächen. Am Stadtrand schmiegt sich eine Seenlandschaft an Leipzig, die aus alten Braunkohlegruben entstanden ist und heute mit Vorliebe zur Naherholung genutzt wird. Kein Wunder also, dass man immer ein ruhiges Fleckchen Natur für eine Auszeit vom Alltagstrubel findet.

Vielleicht ist das auch der Grund, warum lokale Politiker und Institutionen bemerkenswert umtriebig sind und ständig neue Pläne schmieden, damit Leipzig weiterhin lebenswert bleiben kann. Das »Stadtplatzprogramm 2030+« sieht die Umgestaltung von 22 öffentlichen Plätzen vor. Sie sollen grüner werden und Leipzig für den Klimawandel wappnen und die Menschen vor Hitze und Starkregen schützen. Die Stadt hat sich außerdem fest vorgenommen, Leipzig zu einem Zero-Waste-Gebiet zu machen. Um dieses Ziel zu erreichen, wurde eine Reihe von Projekten und Maßnahmen ins Leben gerufen, zum Beispiel die Kampagne »Allerlei To Go«, die für Mehrweg-Lösungen in der Gastronomie wirbt, oder das Kaufhaus der Zukunft, ein Second-Hand-Einkaufszentrum. Doch nicht nur die Politik, auch inhabergeführte Geschäfte, kleine Projekte und unabhängige Konzepte und eine Menge kreativer Köpfe machen Leipzig bunt und grün! Mit wem auch immer man spricht: Man merkt, dass die Menschen, die das gesellschaftliche Leben gestalten, Leipzig lieben – und genau das zeichnet diese Stadt aus und lockt immer mehr Menschen an die Elster.

Ich bin 2015 für mein Studium hergezogen, ohne genau zu wissen, was mich erwarten würde. Und was soll ich sagen? Leipzig hat mich nicht nur überrascht, sondern überzeugt. Die Stadt pulsiert, an jeder Ecke lauern spannende Projekte, in Hinterhöfen und hinter prachtvollen Gründerzeitfassaden die wildesten Partys, die fantasievollsten Events und die klügsten Vorträge. Jedes Viertel punktet mit seinem eigenen Charme und lebt von den Menschen, die dort wohnen. Und wenn man in den Straßen unterwegs ist und sich die Geschichten der Kreativen und Mutigen anhört, dann wird man automatisch für Nachhaltigkeit sensibilisiert. Genau so erging es auch mir.

Im Jahr 2017 begann ich, für ein Leipziger Stadtmagazin zu schreiben, und war für die Start-Up-Kolumne verantwortlich. Im Zuge dessen durfte ich viele junge lokale Unternehmer kennenlernen. Zu jener Zeit war der erste Unverpackt-Laden der Stadt, *Einfach Unverpackt,* gerade eröffnet worden. Und bereits nach meinem ersten Interview mit den Verantwortlichen, Christin Neubert und Pierre Mischke, wusste ich: Ich muss etwas verändern. Durch eine Reihe weiterer Begegnungen stellte ich schließlich mein Leben nachhaltig um, und dabei halfen mir viele Leipziger Lösungen. Ich trage stolz meine Naturledertaschen vom Leipziger Label Franziska Klee, kaufe mein Gemüse bevorzugt vom Biohof »ernte-mich« und lade meinen Mann ins Bio-Restaurant Macis zum Essen ein.

Heute ist Leipzig mein beruflicher wie privater Lebensmittelpunkt. Tipps rund um Nachhaltigkeit und Klimaschutz teile ich regelmäßig in meinem Podcast *Fairquatscht*, auf Instagram, und ich habe ein eigenes Online-Magazin gegründet. Mit einem Mangel an grünen Themen rund um Leipzig hatte ich dabei noch nie zu kämpfen! Und so teile ich in diesem Buch einige meiner Lieblingsplätze, die ich über die Jahre in meiner Wahlheimat gesammelt habe, und hoffe, dass Sie diese ebenfalls ins Herz schließen werden. Ich wünsche Ihnen viel Spaß und viele gute Gespräche mit den Menschen, die hinter diesen großartigen grünen Plätzen stehen. Denn sie sind es, die Leipzig zu Leipzig machen und wegen derer die Stadt zu Recht als »ultimativ nachhaltig« gilt.

Wussten Sie, dass Leipzig schon mehrmals zur »Hauptstadt des fairen Handels« gekürt wurde? Und Fairtrade-Town ist Leipzig ohnehin seit 2011.

Zentrum und Süden

Weltladen Connewitz
Filiale Zentrum
Burgstraße 1–5
04109 Leipzig
0341 3010143

Tonis Organic
Thomaskirchhof 17
04109 Leipzig
0341 2483570

1 Eine Reise um den Globus
Filiale des Weltladens Connewitz

Die Filiale des Weltladens im Leipziger Zentrum lädt ihre Kundschaft zum Stöbern ein: Ob handgewebte Kleidung, Kinderspielzeug, Räucherstäbchen oder Schokolade – in dem kleinen Geschäft werden alle fündig. So bunt wie das Angebot sind auch die Quellen der Stücke, denn die Erzeugnisse stammen aus allen erdenklichen Ländern.

»Diese Produkte erzählen nicht nur etwas über ihr Herkunftsland, sondern zeigen auch, dass ein anderes, eben ›faires‹ Handeln möglich ist«, schwärmt Martin Finke, der Vorstandsvorsitzende der *Eine Welt e.V. Leipzig*. Insgesamt betreibt der Verein in Leipzig drei Filialen. Neben dem Standort im Zentrum gibt es zwei weitere Filialen: eine im Westen Leipzigs, im Stadtteil Plagwitz, und eine im Süden, im Stadtteil Connewitz. Mit dem Gewinn können sich die Produzierenden, die oft aus dem Globalen Süden stammen, eine wirtschaftliche Existenz aufbauen. Das Angebot an Artikeln, die sozial verantwortlich gefertigt wurden, lässt Kunden ohne schlechtes Gewissen zugreifen.

Was wohl die wenigsten wissen: Der erste Weltladen in Leipzig entstand bereits kurz nach der Wende. Damals wurden Produkte aus dem Westen in einem besetzten Haus im Stadtteil Connewitz verkauft. Heute muten die Weltläden weniger unkonventionell an und heißen jeden willkommen. Ab und an wird man vor Ort von einem der Freiwilligendienstler aus aller Welt bedient. Die *Eine Welt e.V.* engagiert sich nämlich auch in der Bildungsarbeit und organisiert Aufenthalte im In- und Ausland.

Wer nach dem Erkunden der Innenstadt eine kleine Stärkung braucht, der kann es sich vor dem Laden mit einem frisch aufgebrühten Kaffee der Eigenmarke gemütlich machen und dazu fair gehandelte Schokolade genießen.

Direkt gegenüber der berühmten Thomaskirche kann man bei Tonis Organic das weltbeste Bio-Eis probieren.

 Tram 9 oder Bus 89 bis zur Haltestelle Thomaskirche

Macis Bio-Komplex
Markgrafenstraße 10
04109 Leipzig
0341 2228750

2 Ein kulinarisches Highlight
Macis Bio-Komplex

Der Bio-Komplex Macis im Herzen der Leipziger Innenstadt ist ein einzigartiger Ort: Hier gibt es nicht nur einen Bio-Supermarkt mit ausladender Gemüse- und Obstabteilung, sondern auch eine hauseigene Bio-Bäckerei, eine Markthalle und nicht zuletzt das einzige Bio-Restaurant Leipzigs. Der Fokus des Bio-Marktes liegt nach Umstrukturierungsmaßnahmen seit 2019 auf Lebensmitteln, Produkte des täglichen Bedarfs sucht man vergeblich. Dafür bekommt man eine unvergleichliche Auswahl an Bio-Lebensmitteln geboten: Neben Bio-Markt-Klassikern findet man hier auch Feinkost-Produkte und eine Frischetheke mit Fisch- und Fleisch-Spezialitäten.

Das Ziel bei Macis ist es, einen Kreislauf der Lebensmittel herzustellen, was durch die Kombination der verschiedenen Geschäfte besonders gut gelingt: Wenn Früchte im Markt den optimalen Reifegrad erreicht haben und nicht mehr verkauft werden können, werden sie an das Restaurant weitergegeben. Bleibt in der Bäckerei Brot übrig, wird es zu Semmelbröseln verarbeitet und im Markt verkauft. »Unsere Philosophie ist einfach, das Beste aus unseren Produkten herauszuholen«, erklärt Geschäftsführerin Nancy Naumann-Hirt, »weil wir Lebensmittel lieben, und zwar wirklich.«

Der Markt ist sozusagen das Warenlager der Küchenchefs. Diese zaubern aus den Produkten Leckereien wie »Jakobsmuschel mit Bacon, BBQ, Weißkohl und Johannisbeere« oder »Reginette mit Basilikum, Tomate und Pinienkernen«. Der Küchenchef ist bis heute Olaf Herzig, einer der Gründer des Macis, persönlich. Gemeinsam mit seinem Kollegen Max-Henry Müller sind sie für die kulinarische Ausgestaltung zuständig. Und das ziemlich erfolgreich.

Hier gibt es die besten veganen Croissants der Stadt – ob mit oder ohne Schokolade ein Genuss.

 Tram 2, 8, 9, 14 bis zur Haltestelle Neues Rathaus

3 Einkaufen für den guten Zweck
Second-Hand-Shop Oxfam

Inmitten der Leipziger Innenstadt verbirgt sich ein Laden, dessen Sortiment auf den ersten Blick skurril erscheinen mag. Bei *Oxfam* sind neben Kleidung, Accessoires und Schuhen auch Bücher, Haushaltswaren und Spielzeug erhältlich. Dabei gleicht kein Teil dem anderen, da das Angebot durchweg aus Unikaten besteht. Es wird überwiegend aus Second-Hand-Waren zusammengestellt, die an *Oxfam* gespendet wurden. Der Kunde sollte daher keine zu konkrete Vorstellung des Gesuchten haben, sondern für Überraschungen offen sein. Die Lebensmittelecke bietet hingegen eine kleine, aber feine Auswahl an fair gehandelten Originalprodukten.

Oxfam arbeitet nachhaltig, indem ausgemusterte Waren eine zweite Chance erhalten. Auf diese Weise werden bereits vorhandene Ressourcen genutzt, wodurch die Produktion von Neuwaren im besten Fall überflüssig wird. Zudem fließen die Erlöse unmittelbar in die Entwicklungsarbeit und Nothilfe der Organisation. Daher kann der Käufer mit seinem Einkauf etwas Gutes tun. Möglich machen das mehr als 50 Ehrenamtliche, die abwechselnd in Schichten arbeiten und dafür sorgen, dass stets neue Ware vorrätig ist.

Mit *Oxfam Unverpackt* bietet die Hilfsorganisation seiner Kundschaft eine ziemlich ausgefallene und zugleich sinnvolle Geschenkidee an: Es besteht die Möglichkeit, symbolisch eine Ziege, ein Lammpärchen, Seife oder auch Bäume zu kaufen. Mit dem Geld wird – je nach Auswahl – ein bestimmter Bereich der Entwicklungs- und Nothilfe unterstützt. Der beschenkten Person wird eine Karte überreicht, auf welcher das ausgewählte Symbol abgebildet ist. Ideal auch als nachhaltiges Mitbringsel aus Leipzig, das lange in Erinnerung bleiben wird!

Direkt nebenan befindet sich die Adler-Apotheke, in welcher in den Jahren 1841 und 1842 Theodor Fontane als Apothekergehilfe gearbeitet hat.

 Tram 1, 3 ,4 ,7, 9, 10, 11, 12, 14, 15, 16, 32, 34, 39 oder N17 bis zu den Haltestellen Goerdelerring, Hauptbahnhof oder Augustusplatz

Zentrum

**Blutsgeschwister –
Leipziger Kleiderei**
Nikolaistraße 39–45
04109 Leipzig
0341 99392265

4 Grüne Gute-Laune-Mode
Leipziger Kleiderei des Labels Blutsgeschwister

Bunte Farben, wilde Muster und eine hervorragende Qualität: Dafür steht das Berliner Fair-Fashion-Label *Blutsgeschwister*. In der Leipziger Kleiderei haben vor allem Frauen und Kinder die Möglichkeit, ihre Garderobe fernab von kurzweiligen Trends aufzupeppen. Die Mode von *Blutsgeschwister* orientiert sich nicht an dem, was aktuell auf dem Laufsteg präsentiert wird, sondern bietet Retro-Farbkleckse für den Kleiderschrank. Dabei wird das Unternehmen seiner sozialen und ökologischen Verantwortung gerecht.

Als Mitglied und Leader der *Fair Wear Foundation* setzt sich das Label für faire Arbeitsbedingungen in der Mode-Industrie ein. Außerdem werden nachhaltige Materialien wie Bio-Baumwolle, TENCEL™ und ECOVERO™ eingesetzt. Bei letzterer Faser handelt es sich um die momentan ökologischste Viskose auf dem Markt, die sich durch Rohstoffe aus ökologischer und europäischer Forstwirtschaft auszeichnet. In Kombination mit anderen Faktoren entsteht dadurch eine Emissionsersparnis von rund 50 Prozent im Vergleich zu gängiger Viskose.

Blutsgeschwister wurde 2001 von Karin Ziegler in Stuttgart ins Leben gerufen. Die Gründerin ist bis heute die Geschäftsführerin und Chef-Designerin des Labels, das inzwischen nach Berlin-Kreuzberg umgezogen ist. Der Name für die Leipziger Dependance wurde in Anlehnung an das Leipziger Allerlei gewählt, ein traditionelles buntes Gemüsegericht, das bekannterweise aus jungen Erbsen, Karotten, Spargelköpfen, Sellerie, grünen Bohnen und Morcheln besteht. Der Regionalbezug ist bei den *Blutsgeschwister*-Boutiquen übrigens Programm: So heißt zum Beispiel die Frankfurter Filiale Zeiltänzerin nach der größten Einkaufsstraße in der Mainmetropole.

Da es im Laden eine kleine Spielecke gibt, können Eltern besonders entspannt einkaufen.

 Tram 1, 3 ,4 ,7, 9, 10, 11, 12, 14, 15, 16, 32, 34, 39 oder N17 bis zu den Haltestellen Goerdelerring, Hauptbahnhof oder Augustusplatz

5 Leipziger Pionierarbeit
Fair-Fashion-Store Grünschnabel

Als Christiane Pfundt 2010 das erste *Grünschnabel*-Geschäft im Leipziger Westen eröffnet, steckt die Fair Fashion Szene noch in den Kinderschuhen. Zu dieser Zeit entstanden viele Labels, die heute als feste Größen in Sachen ökologisch und fair produzierte Mode gelten. Darunter zum Beispiel das Label *Armedangels*. Dessen Klamotten konnte man von Anfang an im *Grünschnabel*-Geschäft kaufen. Inzwischen bietet sie über fünfzig Label ein Schaufenster und leistet seit mehr als zehn Jahren absolute Pionierarbeit, indem sie den Leipzigern immer wieder neue Alternativen zu konventioneller Mode vorstellt. Bei der Auswahl der angebotenen Brands legt Pfundt viel Wert auf Transparenz und Glaubwürdigkeit. Eine faire und ressourcenschonende Produktion ist Grundvoraussetzung dafür, einen Platz im Geschäft zu erhalten.

Heute findet man den Grünschnabel im historischen Oelßners Hof, im Herzen von Leipzigs Innenstadt. Neben Kleidung bietet Pfundt in ihrem Geschäft auch Schuhe und Accessoires an. Sowohl Frauen als auch Kinder und Männer werden hier fündig. Was den *Grünschnabel* besonders macht, das ist unter anderem seine große Auswahl an Jeans. »Gerade bei Jeans ist das ja so eine Sache – da braucht man einfach viel Auswahl. Besonders fetzig finden viele Leute, dass diese in einer Art Karussell präsentiert werden. Man dreht einfach so lang, bis man das passende hat«, erklärt Matthias Pfundt, der Bruder der *Grünschnabel*-Gründerin. Auch er ist inzwischen Teil des Teams – ein echtes Familienunternehmen eben. Die familiäre Atmosphäre ist auch zu spüren, wenn man im Geschäft nach Hilfe fragt. Denn nicht zuletzt für die gute Beratung kommen viele Kunden immer wieder.

Um den Einkauf von fairer Mode auch für Studierende erschwinglich zu machen, erhalten diese zehn Prozent Rabatt. Einfach an der Kasse nachfragen!

 Tram 1, 3 ,4 ,7, 9, 10, 11, 12, 14, 15, 16, 32, 34, 39 oder N17 bis zu den Haltestellen Goerdelerring, Hauptbahnhof oder Augustusplatz

Zentrum

Zirbenherz
Reichsstraße 1–9
04109 Leipzig
0341 25690000

Stadtgeschichtliches Museum Leipzig
Markt 1
04109 Leipzig
0341 9651340

6 Ankommen und durchatmen
Holzmanufaktur Zirbenherz

Wer die *Zirbenherz*-Filiale in der Leipziger Innenstadt betritt, dem steigt sofort der einzigartige Duft in die Nase. Der Showroom ist liebevoll eingerichtet, und man fühlt sich sofort wohl. Das Hauptprodukt der österreichischen Manufaktur kann man nicht übersehen: Die metallfreien Betten aus Zirbenholz stehen im gesamten Raum verteilt.

»Natürlich sieht ein Bett aus alter Eiche auch sehr hübsch aus, aber unser Zirbenholz aus den Nockbergen ab 2.000 Meter Höhenlage ist das einzige, das eine wohltuende Wirkung auf unseren Körper hat«, erklärt Filialleiterin Nadine Zänker. Die Zirbe soll den Puls senken und für eine ruhigere und tiefere Atmung sorgen, indem sie den Parasympathikus aktiviert. Das ist der Teil des autonomen Nervensystems, der für die Entspannung zuständig ist.

Verantwortlich für die genannten Effekte seien die enthaltenen ätherischen Öle. Damit das Holz diese an die Luft abgeben kann, sind alle Betten von *Zirbenherz* unbehandelt, also weder gebeizt noch lackiert oder geölt. Wenn man dann darin liegt, atmet man die ätherischen Öle ein und profitiert von der entspannenden Wirkung.

Produziert werden die *Zirbenherz*-Betten in der familiengeführten Manufaktur in Österreich. Das verwendete Holz ist PEFC zertifiziert und stammt damit aus nachhaltiger Waldbewirtschaftung. Wer sich einen Eindruck von der Zirbe machen möchte, der muss aber nicht gleich mit einem Bett starten. Bei *Zirbenherz* bekommt man auch Duftsäckchen, Kerzen oder mit Spänen gefüllte Kissen.

Vom *Zirbenherz* kann man fußläufig den Markplatz mit dem Alten Rathaus erreichen. Das darin befindliche Stadtmuseum ist auf jeden Fall einen Besuch wert!

 Tram 1, 3 ,4 ,7, 9, 10, 11, 12, 14, 15, 16, 32, 34, 39 oder N17 bis zu den Haltestellen Goerdelerring, Hauptbahnhof oder Augustusplatz

Zentrum

7 Ein Ort der Begegnung
Bunte Büchothek

Wie klingt eigentlich *Das geheime Leben der Pope*l auf Ukrainisch? Und wie spielt man *Looping Louie*? Diese und viele weitere Fragen werden in der Bunten Büchothek praktisch beantwortet. Während in klassischen Bibliotheken der Bestand überwiegend aus deutschen Werken besteht, bietet die Bunte Büchothek Publikationen in mehr als 50 verschiedenen Sprachen.

Der Fokus liegt auf Kinderbüchern, viele davon vermitteln schon den Kleinsten Wissen rund um die Umwelt. Damit ist die *Büchothek* einer der wenigen Orte Leipzigs, an welchen Kinder unabhängig von ihrer Muttersprache schon früh durch passende Materialien an das Thema herangeführt werden können. Die eigentliche Motivation für die Gründung der Bibliothek war es, Familien mit ausländischen Wurzeln die Möglichkeit zu geben, Druckwerke in ihrer Sprache zu finden, damit sie ihrem Nachwuchs vorlesen können. Damit ermöglicht die Büchothek nicht nur Migranten einen leichteren Start, sondern lädt Familien explizit dazu ein, ihre Mehrsprachigkeit zu leben. Die Bunte Büchothek ist heute aber viel mehr als eine Ausleihe. Sie ist ein Ort der Begegnung, an dem Jung und Alt, Groß und Klein zusammenkommen. Dafür sorgen zum einen die gemütliche Einrichtung und zum anderen die Spiele und Bastelmaterialien für Kinder. Vor allem aber sind es die zahlreichen Veranstaltungen, die den kulturellen Austausch anregen. Dazu zählen Workshops zum diskriminierungsfreien Kinderbuchkauf, zweisprachige Lesungen oder der arabische Nachmittag.

Ins Leben gerufen wurde die Bunte Büchothek von Alexandra und Christian Räsack sowie anderen Mitgliedern von *WeltOffen e.V.* Der Verein setzt sich seit vielen Jahren für kulturelle Vielfalt, Toleranz und Völkerverständigung ein.

Wenn man einmal in der Nähe ist, sollte man es auf keinen Fall verpassen, das beeindruckende Bundesverwaltungsgericht zumindest von außen zu besichtigen.

 Tram 10, 11 bis zur Haltestelle Münzgasse/LVZ

Sorbas Shoes
Kolonnadenstraße 9
04109 Leipzig

Café Tunichtgut
Kolonnadenstraße 5/7
04109 Leipzig
0341 26395268

8 Treter für Umweltbewusste
Schuhgeschäft Sorbas

Wer durch die Leipziger Innenstadt spaziert, sollte auf jeden Fall einen Stopp bei *Sorbas* einplanen. Experimentierfreude und Spaß an innovativen und nachhaltigen Materialien werden bei diesem Schuhhersteller großgeschrieben.

Für seine Produkte im minimalistischen Design setzt das Label auf veganes Leder aus Ananas oder Kaktus, wasserabweisende Bio-Baumwolle, recyceltes Plastik oder Kork. Für diejenigen, die klassisches Handwerk bevorzugen, stehen auch Schuhe aus Echtleder im Angebot. Und bei *Sorbas* kann man sich darauf verlassen, dass es sich um nachhaltig verarbeitetes Material handelt. Dafür arbeitet das Label mit zwei Gerbereien in Deutschland und Italien zusammen, die beide nach dem »Leather Working Group Gold Standard« zertifiziert sind. Gegerbt wird entweder vollständig chromfrei oder zertifiziert durch den Blauen Engel – so kann man sicher sein, dass für die eigenen Schuhe keine giftigen Chemikalien in die Umwelt gelangt sind.

Die 2015 in Berlin-Neukölln gegründete Marke legt neben einer nachhaltigen auch auf eine faire Produktion und Transparenz Wert. Deshalb arbeitet *Sorbas* ausschließlich mit kleinen Handwerksbetrieben in Europa zusammen, genauer gesagt in Portugal, Griechenland und Serbien. Die Firmen werden auf der Website vorgestellt. Das schafft Vertrauen!

Der Standort Leipzig wurde für den Laden bewusst gewählt, wie Gründer und Inhaber Eike Vogler erklärt: »Unsere Schuhe sind genauso wie die Stadt am Puls der Zeit. Leipzig ist jung und modern. Jung und modern zu sein, geht heutzutage mit einem nachhaltigen Bewusstsein einher.«

Direkt nebenan befindet sich das Café Tunichtgut, wo man sich wunderbar stärken kann.

 Tram 2, 8, 9, 14 bis zur Haltestelle Thomaskirche

Cliff's Brauwerk
Leibnizstraße 17
04105 Leipzig
0341 97441002

9 Leipzigs erste Mikrobrauerei
Cliff's Brauwerk

Urig, gemütlich, wohlduftend nach Malz – so lässt sich der Keller beschreiben, in dem *Cliff's Brauwerk* untergebracht ist. Wo früher einmal die Mieter der Leibnizstraße 17 ihre Habseligkeiten unterstellten, kann man heute handwerklich gebrauten Gerstensaft in kleinen Chargen genießen. Ganz im Sinne von Slow Food steht der bewusste Genuss im Vordergrund. *Cliff's Brauwerk* ist ein Ort, an dem die Gäste in direkten Kontakt mit dem Handwerk kommen, das hinter dem Lebensmittel Bier steckt.

Die Idee, eine eigene Brauerei mit Ausschank zu eröffnen, entwickelte Gründer Cliff Schönemann in seiner Freizeit. Und bis heute betreibt er die Manufaktur neben einem regulären Vollzeitjob. Drei Jahre lang stellte er zu Hause in der eigenen Küche Bier her, bevor er 2015 den Keller im Waldstraßenviertel fand und mit dem Ausbau begann. Das Jahr, das auf den Etiketten der Flaschen als Gründungszeit angegeben ist. Etwas mehr als ein weiteres Jahr dauerte es, bis *Cliff's Brauwerk* im Oktober 2016 eröffnete.

Das Angebot in *Cliff's Brauwerk* ist auf das Wesentliche reduziert: unterschiedliche Biere und ein paar Snacks – mehr gibt es nicht. Dafür kann sich die Auswahl der hauseigenen Produkte sehen lassen: über zehn, zum Teil ausgefallene Biere, darunter ein Oatmeal Stout, ein California IPA, ein English Bitter und ein Kellerpils. Für alle, die sich unter diesen Sorten überhaupt nichts vorstellen können oder einen Blick hinter die Kulissen werfen möchten, bietet Cliff Schönemann Brauereiführungen mit anschließendem Tasting an. Dabei werden alle Biere, die aktuell im Angebot sind, gemeinsam verkostet und besprochen. Tickets dafür sind in der Mikrobrauerei oder auf der Website erhältlich.

Ein Gutschein für Biertasting ist ein großartiges Geschenk für Bierfreunde.

 Tram 4, 7, 15 bis zur Haltestelle Leibnizstraße

Zentrum-West

10 Leidenschaft zum Handwerk
Brotprofi

Bei Brotprofi ist der Name Programm: Die frühere Fischers Bio-Bäckerei bietet leckeres Brot höchster Bio-Qualität. Bäckermeister und Brot-Sommelier Ricardo Fischer hat den Betrieb 2012 gegründet. Das Fachgeschäft in der Hinrichsenstraße kam 2018 dazu.

Die Backstube befindet sich in Lossatal, also direkt vor den Toren der Stadt. Dort wird an sechs Tagen die Woche frisch gebacken – und zwar nicht nur für die eigenen Verkaufsstellen, sondern für zahlreiche Bio-Läden in und um Leipzig.

Der Fokus liegt klar auf dem Handwerk, weshalb keine Fertigmischungen oder andere bereits verarbeitete Produkte zum Einsatz kommen. Sowohl die Vor- und Sauerteige als auch der Pudding werden nach einem hauseigenen Rezept hergestellt. Ricardo Fischers wichtigste Zutat ist jedoch die Zeit. »Durch lange Reifezeit entwickelt sich ein unvergleichliches Aroma und Geschmack. Ähnlich wie bei einem guten Käse oder Wein«, erklärt der Brot-Sommelier.

In der Hinrichsenstraße können die Brote und anderen Backwaren aus Fischers Backstube in aller Ruhe probiert werden, zum Beispiel bei einem ausgelassenen Frühstück am Wochenende. Besonders beliebt sind das Champagnerroggenbrot und die Dinkelseelen. »Wenn die Seelen frisch aus dem Ofen direkt warm in den Einkaufsbeutel unserer Kundschaft wandern, gibt es strahlende Augen. Das macht uns sehr zufrieden und glücklich«, erklärt Fischer.

Er selbst darf sich mittlerweile einen echten Social-Media-Star nennen: Als @*Brotprofi* wurde er bei TikTok bekannt und begeistert mehrere hunderttausend Menschen mit Videos über das Backen.

Wer nicht aus Leipzig kommt und auch zu Hause die Kreationen von Ricardo Fischer probieren möchte, der kann die Brote im Online-Shop bestellen.

 Tram 3, 4, 7, 8, 15 bis zur Haltestelle Waldplatz

Zentrum-West

Botanischer Garten
Linnéstraße 1
04103 Leipzig
0341 9736850

Apothekergarten im Friedenspark
Liebigstraße 28
04103 Leipzig

11 Eine grüne Oase im Herzen Leipzigs
Botanischer Garten

Die Steppen Osteuropas und Asiens, die Wälder des östlichen Nordamerikas und die Flora der Antarktis an einem Tag erleben – das geht nur im Botanischen Garten. Die Grünanlage der Universität Leipzig ist die älteste ihrer Art in Deutschland. Auf einer Fläche von 3,5 Hektar sind in Leipzig mehr als 6.500 Pflanzenarten beheimatet. Durch die Lage im Zentrum ist die Oase ein beliebter Ausflugsort für alle, die Ruhe tanken und den Blick ins Grüne genießen wollen.

Das weitläufige Areal eignet sich sowohl für ausgedehnte Spaziergänge als auch zum Entspannen. Ein Highlight sind die Gewächshäuser, in denen Besuchende in tropische Regenwälder eintauchen oder unterschiedliche Kakteen entdecken können. Im Schmetterlingshaus lässt sich sogar beobachten, wie sich Raupen in wunderschöne Falter verwandeln.

Der Garten dient als wissenschaftliche Sammlung. Wer möchte, kann bei seinem Besuch viel lernen, zum Beispiel, wenn man auf den unterschiedlichen *Pfaden der Vielfalt* wandelt. Der Kuriositätenpfad lädt dazu ein, außergewöhnliche Pflanzen der Welt zu erkunden, wie die Lotusblume, an der dank des gleichnamigen Effektes Wasser wortwörtlich abperlt. Oder man kann die Seychellennuss bestaunen, die den größten Samen der Welt produziert. Auch eine Führung durch den Botanischen Garten lohnt sich, und die wechselnden Ausstellungen garantieren Vielfalt. Wenn man Glück hat, kann man dank der Pflanzentauschbörse sogar mit einem neuen grünen Freund nach Hause gehen.

Im angrenzenden Friedenspark ist der Apothekergarten des Botanischen Gartens untergebracht.

 Tram 2, 16 bis zur Haltestelle Johannisallee

Zentrum-Südost

Kaspar Schmauser
Karl-Liebknecht-Straße 8
04107 Leipzig
0341 35886749

12 Bunte pflanzliche Bowls
Restaurant Kaspar Schmauser

Leipzigs leckerster Import aus Franken heißt *Kaspar Schmauser:* Im Restaurant auf der Karl-Liebknecht-Straße lässt man sich die buntesten vegetarischen und veganen Bowls der Stadt schmecken. Dabei kann man sich entweder für eine der hauseigenen Kreationen wie die »Pulled Taco Bowl« entscheiden oder aber eine eigene Schüssel nach den persönlichen Vorlieben zusammenstellen. Zur Auswahl stehen 50 Komponenten. Wer es lieber leichter mag, der kann einen Salat wählen, und wer deftige Gerichte bevorzugt, für den hält das Team leckere Eintöpfe bereit, wie zum Beispiel ein Süßkartoffel-Erdnuss-Curry. Als süßer Abschluss oder kleine Leckerei für zwischendurch eignen sich die leckeren Desserts, darunter eine Reihe sogenannter Sweetbowls oder klassisch Kuchen.

»Smart Food statt Fast Food«, lautet das Motto der Kette. Was das bedeutet? Zum einen, dass ausschließlich gesunde Gerichte angeboten werden, die frisch zubereitet werden. Davon überzeugen kann man sich auf der Website des Unternehmens, wo die Nährwerte sämtlicher Speisen ausgewiesen sind. Zum anderen sind aber alle Bowls auch individualisierbar, es können also Zutaten nach Belieben getauscht und weggelassen beziehungsweise ergänzt werden. Auf diese clevere Art bekommt jeder genau das Essen, das er sich wünscht.

Auch die Bestellung verläuft bei *Kaspar Schmauser* anders als in anderen Restaurants. Geordert wird entweder direkt am Tisch über einen QR-Code oder an Terminals im Eingangsbereich. Praktisch: Wenn man den QR-Code nutzt, kann man gleich online zahlen. Das ist perfekt für Menschen, deren Zeit knapp bemessen ist, wie beispielsweise in der Mittagspause.

Kaspar Schmauser serviert auch leckere hausgemachte Limonaden und Smoothies. Unbedingt probieren!

 Tram 10, 11 bis zur Haltestelle Hohe Straße

Südvorstadt

13 Bewegungsspaß für die Kleinsten
Indoor-Spielstätte Kawi-Kids

Das Angebot von *Kawi-Kids* in der Leipziger Südvorstadt ist vor allem auf Babys und Kleinkinder ausgerichtet, die bei den meisten Indoor-Spielplätzen zu kurz kommen. Im offenen Krabbel- und Bewegungstreff können bis zu Zweijährige ihre motorischen Fähigkeiten trainieren. Im Rahmen der Öffnungszeiten kann man kommen und gehen, wie man möchte. Der Babybereich ist mit Krabbeldecken und Mobiles ausgestattet. Größere Kinder können ein Bällebad, Kletterhäuschen, Tunnel sowie Fühl-, Klang- und Erlebniswände entdecken. Ein weiterer Schwerpunkt liegt auf dem Erleben von Musik. Unterschiedliche Musik- und Klanginstrumente dürfen ausprobiert werden.

Während der Nachwuchs mit allen Sinnen Erfahrungen sammelt, können sich die Eltern bei Kaffee und Kuchen austauschen. Das *Kawi-Kids* überzeugt durch die offene Gestaltung seit 2009 als Ort der Begegnung und ist mittlerweile eine feste Institution in Leipzig. Der Spielbereich ist in zwei Räume unterteilt, wobei der hintere zudem für Kurse genutzt wird, unter anderem Eltern-Kind-Tanzen, Babymassage, Musikalische Früherziehung oder auch Eltern-Kind-Turnen. Wie beim gesamten Spielangebot liegt auch in diesem Bereich der Fokus auf Kindern bis drei Jahren.

Sehr beliebt ist der Kinderflohmarkt, der jeden Monat stattfindet und Eltern die Möglichkeit bietet, ihre gebrauchten Kindersachen weiterzugeben. So werden Kindersachen, die in der Regel nur kurz getragen werden, sinnvoll wiederverwertet. Der Flohmarkt ist ein fester Termin im Kalender vieler Familien, umso mehr die Kinder im Nebenraum spielen können und der Einkauf für die Eltern dadurch entspannt wird.

Für Familien mit älteren Geschwistern werden Spielzeiten geboten, in denen Kinder im Alter von bis zu fünf Jahren das *Kawi-Kids* nutzen können.

 Bus 89 bis zur Haltestelle Schenkendorfstraße

Südvorstadt

Mrs. Hippie
Karl-Liebknecht-
Straße 36
04107 Leipzig
0341 9613033

Kinderbuchladen Serifee
Karl-Liebknecht-
Straße 36
04107 Leipzig
0341 1492777

14 Geh bunt!
Fair-Fashion-Shop Mrs. Hippie

Auf dem Gelände des alternativen Kulturzentrums Feinkost befindet sich *Mrs. Hippie*, wo man eine bunte Auswahl an fair produzierter Kleidung findet. Hier wird jeder fündig, schließlich ist das Sortiment so bunt wie in keinem anderen Modegeschäft in Leipzig. Bereits 1995 wurde der Laden geöffnet und entwickelte sich mit der Zeit zu einem Fair-Trade-Erfolgsprojekt.

Die Ursprünge des Geschäfts sahen allerdings anders aus. Früher wurde die Ware zum Teil noch containerweise in Indien oder Bali eingekauft und stammte aus billigster Produktion. Mit der Geschichte des Unternehmens hat sich die Einstellung zum fairen Handel und Nachhaltigkeit stark verändert. Heute steht der Betrieb für einen fairen Umgang miteinander, auch in der Produktion. Außerdem wird Wert auf Nachhaltigkeit gelegt. Das zeigt sich nicht zuletzt dadurch, dass im Laden auf »der Karli« auch eine Second-Hand-Abteilung eingerichtet wurde. Zudem ist einzigartige Mode von Leipziger Designern erhältlich, wie zum Beispiel von Anne Ihm von *Ihm.Geist*.

Neben fairen Klassikern führt *Mrs. Hippie* auch Kleidung aus eigener Produktion. Vier Labels gehören zum Portfolio, wobei jedes über einen anderen Schwerpunkt verfügt. *The Famous Potatoes* umfasst die Basics, unter dem Namen *Wally* vertreibt *Mrs. Hippie* Hosen aus Baumwolle, Cord oder Jeans, während *Adrett* für feminine Stoffe und Schnitte steht und *Helden & Halunken* die männlichen Kunden anspricht, stilvoll und elegant. Für Basics von *The Green Potatoes* und feminine Mode von *Adrett & Grün* setzt *Mrs. Hippie* zudem ausschließlich auf Bio-Stoffe.

Das Feinkost-Gelände beherbergt viele alternative, einzigartige und entdeckungswürdige Geschäfte, zum Beispiel den Kinderbuchladen *Serifee*.

 Tram 10, 11 bis zur Haltestelle Südplatz

Südvorstadt

15 Der erste Laden seiner Art
Einfach Unverpackt

Bereits seit 2016 kann man in Leipzigs erstem Unverpackt-Laden ohne Verpackungsmüll einkaufen. Damals betrieben Christin Neubert und Pierre Mischke Pionierarbeit, und *Einfach Unverpackt* gehörte zu den ersten zehn Geschäften dieser Art im ganzen Land. Inzwischen existieren mehrere hundert allein in Deutschland.

Einfach Unverpackt in der Kochstraße bietet seinen Kunden ein vegetarisches Vollsortiment. Keine Wünsche bleiben offen, egal ob Nudeln, Kaffee, Zutaten zum Backen, Drogerieartikel oder Süßigkeiten. Angeliefert wird die Ware in Großgebinden, welche anschließend in die Gefäße im Laden umgefüllt werden, sodass die Kunden sich die Lebensmittel möglichst unkompliziert in der gewünschten Menge abfüllen können. Auf diese Weise wird eine große Menge an Verpackungsmüll vermieden. Zeitweise waren Neubert und Mischke mit ihrem Konzept sogar so erfolgreich, dass sie eine zweite Filiale auf der Könneritzstraße in Schleußig eröffneten. Durch die Pandemie und die sich anschließenden Krisen mussten sie diese jedoch wieder aufgeben.

Beliebt seit ihrer Einführung ist die Nussmus-Maschine, welche vom Team wöchentlich mit neuen Nüssen befüllt wird, sodass man eine wechselnde Auswahl vorfindet. Besonders bei *Einfach Unverpackt* ist zudem, dass man sich seinen Einkauf in Pfandgläsern und -eimern per Lastenrad liefern lassen kann, falls man keine Zeit hat, persönlich vorbeizuschauen. Dadurch erhalten auch Menschen, die stark eingespannt sind, die Möglichkeit, beim Einkauf den ökologischen Fußabdruck gering zu halten. Wer außerhalb des Liefergebiets wohnt, kann seinen Einkauf online zusammenstellen und am nächsten Tag im Laden abholen.

Bei *Einfach Unverpackt* findet man die leckeren Backwaren aus der Naturbackstube von Holger Martens.

 Tram 10, 11 bis zur Haltestelle Südplatz

Südvorstadt

**Coquetón
Leipziger Kindermode**
Kochstraße 25
04275 Leipzig
01515 9074034

Big B
Südplatz 1
04275 Leipzig

16 langlebig und multifunktional
Leipziger Kindermodelabel Coquetón

Das Leipziger Kindermode-Label *Coquetón* wurde von Sandra Windoffer gegründet. Seit 2009 näht sie Kinderkleidung und Accessoires. Damals fertigte sie ihre Produkte noch zu Hause und verkaufte sie auf Flohmärkten und Online-Plattformen. Seit 2013 entwirft, fertigt und verkauft Sandra Windoffer ihre Ware in ihrem Ladenatelier in der Kochstraße – Fair Fashion durch und durch. Für ihre Kleidung setzt sie zudem auf Naturstoffe wie Leinen, Baumwolle und Walk statt Polyester.

Dass viel Herzblut drinsteckt, das verrät bereits das Schaufenster von *Coquetón*, das zu jeder Jahreszeit passend und liebevoll dekoriert ist. Im Mittelpunkt des Ladens steht die Kindermode, die Sandra Windoffer als One-Women-Show designt und herstellt, darunter Michel-Mützen und Walk-Anzüge. »Alle meine Entwürfe sind mit Liebe erdacht und an Kinderbedürfnissen orientiert«, erklärt Windoffer. Ihre Mode sei so konzipiert, dass sie wie eine zweite Haut sitzt und beim Spielen nicht einengt. Die Mitwachshosen können Kinder zudem mindestens über drei Größen hinweg tragen. Das ergibt auch aus ökologischen Gesichtspunkten Sinn, denn dadurch muss weniger Kleidung gekauft werden. Außerdem praktisch: Da alles in Handarbeit entsteht, ist es möglich, Einzelstücke anzufragen, wenn man zum Beispiel einen bestimmten Schnitt aus einem anderen Stoff haben möchte.

Ein Highlight des Sortiments sind die Schultüten. Ob Fisch, Lama oder Fledermaus – für den neuen Lebensabschnitt findet sich der ideale Begleiter. Zugleich erwirbt man das perfekte Erinnerungsstück an diesen besonderen Tag, denn die Schultüten können wiederverwertet und nach der Einschulung als Kissen oder Kostüm benutzt werden. Wer Sandra Windoffer bei der Arbeit über die Schulter schauen möchte, der kann sie in ihrer Werkstatt besuchen, die direkt hinter den Verkaufsräumen liegt.

Wer sich stärken möchte, der findet bei Big B am Südplatz eine große Auswahl an vegetarischen und veganen Burgern.

 Tram 10, 11 bis zur Haltestelle Südplatz

Südvorstadt

17 Die (werdenden) Muttis gehen öko
Umstandsmodegeschäft hej.mom.

Der Laden *hej.mom.* ist nicht nur eine der wenigen Anlaufstellen in Leipzig und Umgebung, um nachhaltige Still- und Umstandsmode kaufen zu können, sondern auch ein Ort der Begegnung für werdende Mütter und junge Familien.

Die Idee für ein solches Geschäft entwickelte Julia Kitschke-Schönbrodt, als sie ihr zweites Kind austrug. Wie schon während ihrer ersten Schwangerschaft war sie vergeblich auf der Suche nach nachhaltiger Umstandsmode, die man vor dem Kauf anprobieren konnte. Und so fasste sie sich ein Herz und gründete 2018 *hej.mom.* Hier finden (werdende) Mütter Kleidung, die sie durch die Schwangerschaft und darüber hinaus in der Stillzeit begleitet. Alle Labels, die bei *hej.mom.* hängen, produzieren ihre Kleidung unter fairen Bedingungen und es kommen nachhaltig angebaute Naturfasern wie Bio-Baumwolle zum Einsatz. Ein weiterer wesentlicher Aspekt ist die persönliche Beratung. »Das ist der Vorteil an einem kleinen Laden« erklärt Kitschke-Schönbrodt. »Ich kenne jedes Teil und weiß auch, wie es bei hochschwangeren Frauen aussieht und später in der Stillzeit ohne Bauch, und kann daher gut beraten.« Inzwischen wird das Sortiment durch Kinder- und Babykleidung sowie Tragejacken für Väter ergänzt. Julia Kitschke-Schönbrodts Traum ist eine eigene Kollektion.

Einen Ort der Begegnung hat die zweifache Mutter vor allem durch die Angebote in den Nebenräumen geschaffen, wo Trageberatungen, Erste-Hilfe-Kurse für Eltern sowie Beratungen zu Pflegeprodukten speziell für Mamas in der Stillzeit stattfinden. Eine Zeit lang konnten werdende Mütter ebenfalls Bauchabdrücke von einer Leipziger Künstlerin anfertigen lassen. Und zwar nicht aus Gips, sondern als Silhouette auf Papier.

Nach einer Shopping-Tour kann man im benachbarten Bayerischen Bahnhof einkehren. Allen, die nicht in anderen Umständen sind, sei die Leipziger Gose ans Herz gelegt, ein speziell säuerliches Bier.

 Tram 2, 9, 16 oder Bus 60 bis Haltestelle Bayerischer Platz

Südvorstadt

18 Plattform für Selbstgemachtes
Kunsthandwerksladen Vielfach

Wer online gerne individuelle, handgemachte Dinge kauft, der wird das *Vielfach* lieben. Im Prinzip kann man sich den Laden wie die Online-Plattform vorstellen, nur eben im echten Leben. Das Konzept: Handwerker, Künstler und kleine Betriebe können Regalfächer, Stellfläche oder Platz an einer Kleiderstange mieten und dadurch ihre Produkte verkaufen. Die meisten Kreativen, die ihre Produkte im *Vielfach* verkaufen, kommen dabei direkt aus Leipzig – als Kunde kann man sich hier über kurze Transportwege und oft sogar Unikate freuen.

Die unterschiedlichen Labels findet man zwischen einem und drei Monaten vor Ort – dann wird es Zeit für einen Wechsel. Für die Kunden ist das ein Gewinn, denn dadurch bietet sich die Chance, immer aufs Neue zu stöbern. Und das Sortiment ist entsprechend bunt: Von Haarspangen über Schmuck und Kerzen bis hin zu Aufnähern und Kalendern findet man wirklich alles. Jedes Produkt hat eine eigene Geschichte und wurde nachhaltig produziert. Wie zum Beispiel der biologisch abbaubare Bio-Glitzer oder der vegane Bio-Eierlikör. Neben den wechselnden Mietern der Regalfächer verbleiben einige ausgewählte Marken dauerhaft im Sortiment, wie zum Beispiel die Planer eines ökologischen Berliner Verlags.

Durch seine bunte Auswahl ist das *Vielfach* der perfekte Laden, um Geschenke zu finden – ganz egal, für wen. In der Regel wird man fündig und entdeckt sogar für sich selbst das ein oder andere Produkt, von dem man vorher noch nicht wusste, dass man es dringend benötigt. Inhaberin Madeleine Steinert berät ihre Kunden gerne und ausgiebig. Auch das ist etwas, was das *Vielfach* auszeichnet: Trotz der großen Auswahl kennen die Verkäufer die Gesichter hinter den Produkten und Manufakturen.

Direkt nebenan befindet sich das Café Maître. Hier kann man sich wunderbar stärken!

 Tram 10, 11 bis zur Haltestelle Südplatz

Südvorstadt

ReSales Leipzig-Südvorstadt
Arthur-Hoffmann-
Straße 90–94
04275 Leipzig
03644 534472

Steinplatz
Fichtestraße
04275 Leipzig

19 Eine zweite Chance
Second-Hand-Shop ReSales

ReSales ist nach eigenen Angaben der größte Anbieter für Second-Hand-Kleidung in Deutschland. Das Unternehmen unterhält mehr als fünfzig Läden in der gesamten Bundesrepublik. In Leipzig befinden sich zwei Filialen, eine davon in der Südvorstadt.

Im Gegensatz zu anderen Geschäften, in denen das Sortiment nach Stilen gefiltert kuratiert wird, ist die Auswahl bei *ReSales* bunt durchmischt. Damit wird das Unternehmen seinem Anspruch gerecht, für jede Käufergruppe etwas bereitzuhalten. Ob Anzug, Wanderhose, Faschingskostüm oder Ballkleid – hier gibt es wirklich alles. Und es lohnt sich, mehrfach vorbeizuschauen, denn es kommt täglich neue Ware dazu.

Neben Mainstream-Marken bietet *ReSales* authentischen Vintage-Stücken eine Plattform. Sogar ein Teil des Ladens ist eigens für sie reserviert. Wahre Schätze wie Collegejacken und Jeanshosen aus den 80er- und 90er-Jahren sowie allerlei andere Kleidungsstücke aus vergangenen Jahrzehnten warten dort nur auf ihre Entdecker und neuen Besitzer.

Seit einigen Jahren betreibt *ReSales* auch einen eigenen Online-Shop, in welchem man gezielt nach bestimmten Kleidungsstücken suchen kann. Zu empfehlen ist außerdem der Blog des Unternehmens, auf dem man nicht nur eine große Auswahl an Artikeln rund um Second-Hand-Mode findet, sondern auch Tipps und Tricks erhält, wie man seine Kleidung reparieren und dadurch ihre Lebensdauer erhöhen kann. Auch über Materialkunde beziehungsweise die Herstellung einzelner Stoffe kann man einiges erfahren. Wusstet ihr zum Beispiel, dass Seide existiert, die gewaltfrei gewonnen wird? Wenn nicht, dann lohnt sich ein Besuch auf dem Blog allemal!

Am Steinplatz (nur eine Haltestelle und fünf Minuten zu Fuß entfernt gelegen) findet ihr einen barrierefreien Kinderspielplatz.

 Tram 9 oder Bus 60, 74 bis zur Haltestelle Kurt-Eisner-Straße/Arthur-Hoffmann-Straße

Südvorstadt

20 Einmal alles öko, bitte!
Kinderausstattung LeLo karli123

Das *LeLo* wurde 2009 als kleiner Laden für Stoffwindeln und Babytragen gegründet. Heute findet man (fast) alles für Babys und Kinder bis circa zehn Jahre, von Schuhen und Bekleidung über Spielmaterial bis hin zu Kindersitzen. Seit Beginn liegt der Fokus auf Nachhaltigkeit im sozialen wie ökologischen Sinne. Alle Produkte werden unter fairen Bedingungen und auch möglichst umweltfreundlich produziert. Das bedeutet zum Beispiel, dass man hier umweltfreundliche und wiederverwendbare Stoffwindeln kaufen kann, genauso wie Kleidung aus Bio-Naturmaterialien und Holzspielzeug, dessen Rohstoffe aus nachhaltig bewirtschafteten Wäldern kommen.

Die Inhaber Carlo und Marthe haben das *LeLo* im Jahr 2016 übernommen. »Wir kannten es schon ganz gut – zunächst aus Kundenperspektive, weil wir seit 2014 selbst für unsere Tochter eingekauft haben, und dann auch schon ein bisschen hinter den Kulissen, weil Carlo seit 2015 als Mitarbeiter angestellt war«, erzählt Marthe. »Als der Laden überraschend verkauft werden sollte, haben wir nicht lange gezögert.« Die richtige Entscheidung, wie sich zeigen sollte, denn beide lieben ihren Job.

Das merkt man, wenn man durch das Geschäft schlendert: Das Sortiment ist handverlesen und die erfahrenen Mitarbeiter stehen mit Tipps zur Seite. »Gerade beim ersten Kind gibt es oft viele Fragen. Oder der Einkauf dauert länger, weil das Baby zwischendurch gestillt werden muss oder quengelig wird. Das können wir absolut nachfühlen, deshalb nehmen wir uns für eine authentische und gute Beratung auch extra viel Zeit«, sagt Marthe. Mit dem *LeLo* haben sie einen Ort geschaffen, an dem sich Klein und Groß wirklich wohlfühlen.

Im *LeLo* kann man unterschiedliche Babytragen und Kindersitze fürs Auto ansehen und testen.

 Tram 9, 10, 11 bis zur Haltestelle Richard-Lehmann-Straße/HTWK

Südvorstadt

Umweltbibliothek Leipzig
Haus der Demokratie Leipzig
Bernhard-Göring-
Straße 152
04277 Leipzig
0341 3065180

21 Ein geschichtsträchtiger Ort
Umweltbibliothek Leipzig

Im Jahr 1986 stellte der Ministerrat der DDR das Veröffentlichen von Daten zur desaströsen ökologischen Situation Ostdeutschlands unter Geheimnisschutz. Um dieser Zensur etwas entgegenzusetzen, entstanden in den Folgejahren vielerorts kleine Materialsammlungen, die sich Umweltbibliotheken nannten. Die Leipziger Umweltbibliothek wurde 1988 durch die AG Umweltschutz beim Jugendpfarramt Leipzig gegründet. Seit 1990 befindet sie sich unter der Trägerschaft des Vereins *Ökolöwe – Leipziger Umweltbund e.V.* und versteht sich als Ergänzung zu den anderen Leipziger Literatursammlungen.

Es sei ein »wissenspolitisches Gegenarchiv«, erklärt der Verein. »In einer sich erwärmenden Welt, in der umweltfeindliche Politik und zum Teil staatlich institutionalisierte Klimaskepsis erdfreundliche Prozesse unterlaufen, ist die Sammlung ›unbequemer‹ ökologischer Literatur, die den Bürgern kostenfrei zur Verfügung gestellt wird, vielleicht brisanter denn je.«

Obwohl die Bibliothek schon lange Zeit existiert, ist sie sogar für viele bücherbegeisterte Leipziger ein echter Geheimtipp. Zu ihrer Geschichte gehört von Anfang an auch eine angespannte Finanzlage. 2020 wurden die Fördermittel durch die Stadt dann überraschenderweise um 50 Prozent gekürzt. Seitdem liegt die Einrichtung in der Obhut von Bundesfreiwilligen. »Tatsächlich sind all die ehrenamtlichen Helfenden und die (Bundes-)Freiwilligen, die seit rund 30 Jahren das Fortbestehen der Umweltbibliothek ermöglichen, die eigentlichen ›guten Geister‹ der Umweltbibliothek Leipzig«, so der *Ökolöwe*.

Die Buchauswahl für Kinder ist ziemlich groß! Einen ersten Überblick kann man sich auf der Website des *Ökolöwe*-Vereins verschaffen.

 Tram 9, 10, 11 bis zur Haltestelle Connewitzer Kreuz

**Werk 2 –
Kulturfabrik Leipzig e.V.**
Kochstraße 132
04277 Leipzig
0341 3080140

22 Dauerbrenner in der Szene
Kulturfabrik Werk 2

Beim *Werk 2* handelt es sich längst um keinen Geheimtipp mehr, sondern um das größte soziokulturelle Zentrum Sachsens, das ein genreübergreifendes Kulturprogramm anbietet. Trotzdem hat die ehemalige Fabrikanlage ihren Rang unter den »grünen« Plätzen der Stadt mehr als verdient, denn in unterschiedlichen Veranstaltungsformaten setzt sie rund ums Jahr vielerlei nachhaltige Akzente. Da wäre zum Beispiel der alternative Weihnachtsmarkt, bei dem man handgemachte Produkte aus Leipzig und der Region kaufen kann, oder die Klimabuchmesse. Zudem wurde der Ort selbst im Wandel der Zeit mehrmals umgenutzt und ihm immer wieder neues Leben eingehaucht.

1848 gründeten französische Unternehmer an dem Standort eine Gasmesserfabrik. Später zog die Firma *VEB Werkstoffprüfmaschinen Leipzig* ein und mit der Wende schließlich der Kulturverein. In jenen Umbruchsjahren existierte ein rechtsfreier Raum, den die damaligen *Werk 2*-Gründer nutzten. Sie nahmen das Areal »in Beschlag« und verwandelten schließlich mit städtischer Unterstützung die alte Fabrik in einen Kulturhof. Die offizielle Vereinsgründung erfolgte 1992, die Stadt kaufte das Gelände und verpachtet es an den Verein.

Neben wechselnden Konzerten und Lesungen werden einige »Dauerbrenner« angeboten wie zum Beispiel eine Keramikwerkstatt, eine Grafikdruckwerkstatt, die Glasbläserei, Theater für alle und das *media.lab*. Letzteres eröffnet Jugendlichen ab zwölf Jahren die Möglichkeit, medial kreativ zu werden. Das *Werk 2* ist ein Ort, an dem Besucher wieder in Kontakt mit dem Handwerk kommen und vielen Dinge selbst herstellen können. Damit leistet die Kulturfabrik einen wichtigen Beitrag dazu, die Wertschätzung für Rohstoffe, die in unserer linearen Konsumgesellschaft verloren gegangen ist, wieder zu aktivieren.

Um einen Blick trotz geschlossener Türen hinter die Kulissen zu werfen, schaltet man die Actionbound-App an und lauscht dem *Werk 2 – ein Audiowalk*, der über das Gelände führt.

 Tram 9, 10, 11 bis zur Haltestelle Connewitzer Kreuz

Connewitz

Naturbackstube Connewitz
Wolfgang-Heinze-Straße 12
04277 Leipzig
0341 59164056

23 Mit Liebe gebacken
Naturbackstube

Warum sich Holger Martens und seine Frau Dr. Stephanie Himmerich 2014 entschieden haben, gemeinsam eine Bäckerei zu eröffnen, das weiß er nicht mehr genau. Ursprünglich wollte das Paar, das sich bei der Arbeit im Bio-Komplex Macis kennengelernt hat, ein Restaurant ihr Eigen nennen. Letztlich übernahmen sie jedoch die Naturbackstube am Connewitzer Kreuz samt Namen – allerdings mit neuem Konzept.

»Der Vorbesitzer war ein Aufbäcker«, sagt Holger Martens. Das heißt, dass das eigentliche Handwerk gar nicht praktiziert wurde, sondern nur fertige Rohlinge verarbeitet wurden. Holger Martens‹ Konzept hingegen setzt auf Tradition und Innovation. »Wir arbeiten ohne Zusatzstoffe, und alle Rezepte sind auf meinen Mist gewachsen.«

Das eigene Geschäft bietet Holger Martens die Möglichkeit, eigene Vorstellungen umzusetzen. Das heißt, dass er auf Weizen verzichtet und sich den Grundsätzen der »Slow Bakery« verschrieben hat, also den Teigen Zeit lässt, sich zu entwickeln. »Wir arbeiten außerdem so, dass der Laden abends möglichst leer ist und wir keine Produkte übrighaben.«

Holger Martens hat sich aber bewusst gegen Bio entschieden. »Meistens sind die Anfahrtswege für Bio-Produkte so extrem weit, dass ich lieber gucke, dass es regional ist. Mein Getreide wird beispielsweise im Landkreis angebaut und im Vogtland vermahlen, kürzere Wege gibt es dafür nicht.« Außerdem sei Bio auch eine Preisfrage. Würde er entsprechende Produkte anbieten, müsste er die Preise anheben, und das möchte Martens nicht. Der Bäckermeister macht buchstäblich sein Ding, und zwar ohne in Konkurrenz zu den Bio-Bäckereien zu stehen.

Wer die Backstube oder eines der Brotregale besucht, über die er seine Backwaren in ganz Leipzig verkauft, dem empfiehlt Martens, sein Kartoffelbrot zu probieren, denn das sei ein echter Allrounder.

 Tram 9, 10, 11 bis zur Haltestelle Connewitzer Kreuz

Connewitz

Juicy
Arno-Nitzsche-Straße 20
04277 Leipzig

24 Erotik mal anders
Veganer Sexshop Juicy

Vier Personen, eine Mission: einen Raum schaffen, in dem queere Menschen sich wohlfühlen, und Bildungsarbeit für mehr Sichtbarkeit leisten. Linda, Julez, Jule und Paul kennen sich schon einige Zeit privat, als sie Anfang 2021 damit beginnen, ihre Vision zu verwirklichen. Im Herbst ist es dann so weit: Ihr veganer Sexshop *Juicy* öffnet seine Türen.

Was unterscheidet *Juicy* von einem gängigen Sexshop? »Wir sind ein queer-feministischer Sexshop für alle. Das heißt, alle sind willkommen, und wir haben auch Produkte für alle«, erklärt Linda. »Queer-Feministisch beschreibt vor allem den Fokus, also dass wir das Augenmerk auf die Menschen legen, die als Zielgruppe von klassischen Shops ausgeschlossen werden.«

Für das *Juicy*-Team spielt Nachhaltigkeit bei der Produktauswahl eine wichtige Rolle. Alle Waren sind ausnahmslos vegan. Das ist etwas Außergewöhnliches. Bei den gängigen Sortimenten setzten viele Hersteller wie beim Massenprodukt Kondom das Milchprotein Casein ein, um den Kautschuk zu verarbeiten. Gleiches gilt für alle Waren aus Latex und selbst in Gleitgelen sind oft tierische Stoffe enthalten. Bei *Juicy* kann man hingegen sichergehen, dass ohne Tierleid produziert wurden. Außerdem findet man eine Reihe von Manufaktur-Erzeugnissen, die in Deutschland hergestellt werden und aus Naturmaterialien wie Edelstein oder Holz bestehen, wie zum Beispiel hölzerne Dildos. Soziale Nachhaltigkeit steht ebenfalls im Fokus von *Juicy*. Um diese zu unterstützen, werden auch günstigere Produkte angeboten. Dafür wird im Einkauf auf Langlebigkeit geachtet. Außerdem ist dem Team wichtig, dass der Ursprung der Materialien bekannt ist und die Geschichte ihres Sortiments transparent.

Im *Juicy* kann man auch Toy-Partys feiern! Anmelden kann man sich auf der Website des Shops.

 Tram 10 bis zur Haltestelle Wiedebachplatz

Connewitz

25 Auszeit im Grünen
Wildpark Leipzig

Der Wildpark Leipzig liegt mitten im Auenwald und bietet das ganze Jahr über ein grünes Ausflugsziel für Familien. Kinder können auf einem großen Spielplatz toben, insgesamt rund zweihundert Tiere entdecken, darunter Hirsche und Eulen, und gemeinsam mit den Erwachsenen in einer der Gaststätten gemütlich essen. Alle kommen ungezwungen in Kontakt mit der Natur, die es zu schätzen und zu schützen gilt. Was die wenigsten wissen: Der Wildpark verfügt über ein breites Bildungsprogramm, das von allen wahrgenommen werden kann und vom *Wildparkverein Leipzig e.V.* getragen wird.

Wer daran teilnimmt, der wird höchstwahrscheinlich die Bekanntschaft von Ralf Herrmann machen. Der Diplomforstingenieur ist seit 2009 hauptamtlich im Wildparkverein tätig und betreut gemeinsam mit einer Kollegin den Bereich Umweltbildung. Die Bandbreite des Angebots ist dabei ziemlich groß: vom Kindergeburtstag über den Klassenausflug bis hin zur klassischen Führung. Ein Fokus liegt auf der Zusammenarbeit mit Grundschulen. Je nach Klassenstufe stehen auf den Lehrplan angepasste Programme zur Verfügung. Wenn in der dritten Klasse zum Beispiel im Unterricht das Thema Wiese behandelt wird, sammelt Herrmann mit den Schülern Kräuter und Insekten, die gemeinsam bestimmt werden.

Ab sechs Jahren können im Wildpark Geburtstage gefeiert werden. Je nach individueller Vorliebe und Alter wird entweder eine Tour durch den Park unternommen oder die Kinder erkunden bei einer Rallye das Gelände auf eigene Faust. Bei Lagerfeuer und Stockbrot lassen die Feiernden dann den Tag ausklingen. »Das Ziel meiner Arbeit ist, dass die Kinder die Natur kennenlernen«, erklärt Ralf Herrmann, »Denn nur, was sie kennen, werden sie später auch schützen.«

Im Rot-, Damm- und Muffelwildgehege führt ein Entdeckerpfad mitten durch das Gehege.

 Bus 70 bis zur Haltestelle Wildpark

Connewitz

Westen

Robyn Chamberlain – Nachhaltige Goldschmiede und Craft Pigeon Bio-Handweberei
Jahnallee 61
04177 Leipzig

Lindenauer Markt
04177 Leipzig

26 Tradition mit grüner Zukunft
Robyn Chamberlain – Goldschmiede und Weberei

Robyn Chamberlains Kunden sind regelmäßig erstaunt, wenn sie das Ladenatelier in Leipzig-Lindenau betreten und nur eine Künstlerin antreffen. Immerhin zeigt sich die Produktpalette facettenreich: sowohl handgeschmiedeten Schmuck als auch selbstgewebte Schals.

Für Robyn Chamberlain wiederum sind Schals genauso Schmuckstücke wie Ringe, Ketten und Ohrringe. »Ich habe eine Leidenschaft für traditionelles Kunsthandwerk und betrachte es als Privileg, Teil der reichen Geschichte von Goldschmieden und Webern zu sein, die vor mir kamen«, betont die gebürtige Kanadierin. »Diese Leidenschaft verbindet sich mit meinem tiefen Bedürfnis, einen positiven Einfluss auf die Umwelt in der Schmuck- und Modebranche zu nehmen. Dies ist ein treibender Faktor in meinem Leben und daher der Eckpfeiler meines Unternehmens.« Robyn Chamberlain fertigt ihre Ware auf nachhaltige Weise. Die Materialien wählt sie sorgfältig aus, arbeitet beispielsweise mit Fairtrade-Gold, recyceltem Silber und Edelsteinen aus ethisch fairen Quellen. Auf ihrem Webstuhl kommen ausschließlich recycelte oder biologisch erzeugte Garne zum Einsatz.

Der Besuch im Atelierladen zeichnet sich dadurch aus, dass man hautnah miterleben kann, wie die Kunstwerke entstehen. Der Webstuhl sowie die Goldschmiedebank befinden sich mitten im Geschäft. Und wenn die Kundschaft Beratung wünscht, unterbricht Robyn Chamberlain ihr Handwerk und nimmt sich die Zeit, Fragen zu beantworten und Stücke vorzuführen. »Es gibt eine Kluft zwischen uns und den Produkten, die wir in unserem Leben verwenden, und ich hoffe, diese Interaktion verbessert das Kauferlebnis und ermöglicht der Kundschaft, handgefertigte Produkte besser zu verstehen und zu schätzen.«

In der Nähe befindet sich der Lindenauer Markt. Mittwochs und freitags werden regionale Produkte feilgeboten.

 Tram 3, 7, 8, 15 oder Bus 74, 130, 131 bis zur Haltestelle Angerbrücke/Straßenbahnhof

Lindenau

**Café Kaputt –
Reparaturcafé und
Bildungsprojekt**
Merseburger Straße 102
04177 Leipzig

27 Hilfe zur Selbsthilfe
Reparatur-Café Kaputt

Wer Dinge repariert, sorgt dafür, dass Ressourcen länger im Kreislauf bleiben und weniger Ware neu gekauft wird. Während Instandsetzungen früher als selbstverständlich galten, bilden sie heutzutage eher die Ausnahme und die entsprechenden Fertigkeiten sind seltener gefragt. Dieser Entwicklung will das Café Kaputt entgegenwirken. Egal ob defekter Toaster, störrisches Smartphone oder beschädigter Stuhl – in den offenen Reparatur-Sprechstunden erhalten Interessierte erforderliche Hilfe.

Im Vorfeld sollte man sich allerdings erkundigen, welche Art der Sprechstunde gerade stattfindet. In der Technik-Runde dreht sich alles um Geräte mit einem Stecker. Ein anderer Termin gilt für alle, die alle Arten von Textilien reparieren möchten, seien es Kleider oder Teppiche oder Sofabezüge. Und die Heimwerken-Sprechstunde ist sozusagen das Sammelsurium für alle Fälle, die in keine der anderen beiden Kategorien hineinpassen. Hinter dem Projekt steckt *leben.lernen.leipzig e.V.*, ein gemeinnütziger Verein, der sich interkultureller und politischer Bildungsarbeit für alle Altersgruppen widmet. Im Café Kaputt wurden seit der Eröffnung 2014 mehrere tausend Gegenstände wieder instand gesetzt. Darüber führt das Team eine Statistik über das Online-Tool des *Netzwerks Reparatur-Initiativen*. Demnach konnten laut Online-Rechner 31 Tonnen CO_2 eingespart werden. Das entspricht mehr als drei Flügen um den Äquator.

Neben den Sprechstunden finden im Café auch regelmäßig Kurse und Workshops statt, in denen man zum Beispiel Löten oder den Umgang mit einer Nähmaschine erlernen kann. Bei wem keine Reparaturen anstehen, der kann die Werkstatt auch für seine privaten Projekte nutzen und vom Austausch mit den anderen Werkenden profitieren.

Auf der Website des Café Kaputt findet sich eine Karte mit weiteren Reparaturmöglichkeiten in der Stadt.

 Tram 7 oder Bus 130, 131 bis zur Haltestelle Georg-Schwarz-Straße/Merseburger-Straße

Lindenau

Pizza Lab
Georg-Schwarz-Straße 10
04177 Leipzig
0176 66557313

schwarzwurzel OHG
Erich-Köhn-Straße 65
04177 Leipzig
0341 33130002

28 Ein Labor für die Ökologie!
Gemeinnütziges Restaurant Pizza Lab

Erlenmeyerkolben statt Glas, Periodensystem statt Speisekarte – der Name ist im *Pizza Lab* Programm, denn das Labor-Thema zieht sich durch das gesamte Lokal. Statt Margherita, Salami und Tonno zu bestellen, stellen sich die Kunden ihre individuelle Wunschpizza zusammen. Dabei stehen auch Zutaten zur Auswahl, die sonst selten in Pizzerien zum Einsatz kommen, wie Erdnussbutter oder Süßkartoffeln. Die Pizzen sind in drei Größen, als Vollkorn-Variante und sogar glutenfrei erhältlich.

2015 wurde die erste vegane Pizzeria Leipzigs als gemeinnütziges Projekt gegründet. Das Lokal wird von einem Verein betrieben und arbeitet nicht gewinnorientiert. Vielmehr sorgen Freiwillige mit ihrem Einsatz dafür, dass der Gewinn jeden Monat an ein lokales Projekt gespendet wird, das sich Nachhaltigkeit, Ökologie, veganer Ernährung und Tierrechten widmet. Auch soziale Initiativen werden unterstützt und in Veranstaltungen reinvestiert, die der Vernetzung innerhalb der Nachbarschaft dienen. Sehr beliebt sind die Events, die regelmäßig stattfinden. Vor allem das *Open Mic* zieht viele Anwohner in die kleine Pizzeria.

Statt Mozzarella, Gouda & Co. garniert das Team des Pizza Lab seine Pizzen mit einem selbst gemachten Käseimitat. So werden für die hier belegten Pizzen keinerlei Tiere ausgebeutet, was sich auch auf den ökologischen Fußabdruck der Pizzen auswirkt, denn eine pflanzenbasierte Ernährung verursacht weniger CO_2 als eine omnivore Ernährung. Um ihre Mission voranzutreiben, ist das zwanzigköpfige Team stets aus der Suche nach neuen Mitgliedern, die die Idee tatkräftig unterstützen möchten – hinter der Bar, am Ofen oder im Büro.

Nur wenige Meter entfernt befindet sich die *schwarzwurzel,* ein Bio-Markt mit Mitgliederkonzept, der jedoch auch für Nicht-Mitglieder offen ist. Ein Besuch lohnt sich!

 Tram 8, 15 bis zur Haltestelle Lützner Straße/Merseburger Straße

Altlindenau

KrimZkrams
Georg-Schwarz-Straße 7
04177 Leipzig
0163 4846916

29 Ab in die nächste Runde!
Offene Materialwerkstatt KrimZkrams

Das *KrimZkrams* ist in erster Linie eine Materialsammlung, die man sich für Upcycling- oder Reparaturprojekte zunutze machen kann. Wenn man zum Beispiel ein Stück Stoff benötigt, um eine Hose zu flicken, wird man im *KrimZkrams* fündig. Vermeintlicher Müll wird somit zur wertvollen Ressource.

Alle Werkstoffe stammen aus Schenkungen. Deshalb werden sie nicht für einen festgelegten Preis angeboten, sondern kostenfrei beziehungsweise für ein individuelles Entgelt, je nachdem, was für den Einzelnen möglich ist. Mit den eingenommenen Spenden werden sowohl der Laden als auch einige angeschlossene Projekte finanziert. Passend zur Materialsammlung findet sich im Geschäft auch eine Offene Werkstatt, die für jeden nutzbar ist. Dort kann man die aufgestöberten Materialien direkt vor Ort verarbeiten und dadurch von einem großen Sortiment an Arbeitsmitteln profitieren. Lochzangen, Nähmaschinen, Sägen, Winkel und viele weitere Werkzeuge darf man kostenlos nutzen. Auch hier gilt: Über eine Spende freut sich der *kunZstoffe e.V.*, der *KrimZkrams* betreibt.

Der Verein engagiert sich im Rahmen unterschiedlicher Projekte für die nachhaltige Stadtteilentwicklung, den Ressourcenschutz und das Handwerk. Dazu gehören auch Workshops, die unter anderem im *KrimZkrams* organisiert werden. Dazu zählen unter anderem Veranstaltungen zum Thema »Hausmittel herstellen« oder auch eine Stempelwerkstatt. Das Geschäft beherbergt außerdem einen Laden, in dem Upcycling-Produkte verkauft werden, die in der Werkstatt entstanden sind, zum Beispiel kleine Taschen aus alten Duschgelflaschen.

Speziell für Kinder existieren ebenfalls einige Angebote, unter anderem die Upcycling-Kinder-Werkstatt. Die aktuellen Zeiten findet man auf der Homepage des Vereins.

 Tram 8, 15 bis zur Haltestelle Lützner Straße/Merseburger Straße

Altlindenau

30 Ein Rückzugsort im Stadtdschungel
Nachbarschaftsgarten Lindenau

Wer die Josephstraße bis zur Nummer 27 entlangläuft, der wird überrascht: An dieser Stelle lüftet sich die Häuserschlucht und stattdessen erstreckt sich der Nachbarschaftsgarten Lindenau. Das ist ein ungewöhnlicher Anblick, mitten in der Großstadt, aber umso schöner. Welch ein Glück, dass es noch solche grünen Flächen in dicht bebautem Gebiet gibt. Gepflegt wird das Grundstück vom Verein *Nachbarschaftsgärten e.V.*; für Mitglieder ist das Gelände dauerhaft zugänglich. Für alle anderen immer dann, wenn das Tor offen steht.

Der Verein wurde bereits 2004 in Lindenau gegründet. »Die Fläche von damals gibt es jedoch so nicht mehr. Der Nutzungsdruck durch Flächenverkauf und anschließende Wohnbebauung hält bis heute an«, erklärt Beatrice, die Mitglied ist. Dennoch ist es bislang gelungen, die Insel inmitten des Stadtdschungels zu bewahren.

Der Nachbarschaftsgarten Lindenau ist eine Oase der Erholung und des Rückzugs und zugleich ein Ort des Miteinander und der Begegnung. Auf dem Areal wird gemeinsam gegärtnert, gespielt und gefeiert. Für Gemütlichkeit sorgt eine Feuerschale, Spaß für die Kleinsten bieten Sandkasten und Kinderspielzeug sowie zwei Kaninchen, die hier leben. Eine Kochgelegenheit sowie ein Bad stehen ebenfalls zur Verfügung.

Auf dem Grundstück wurde zudem eine Holz- sowie eine Fahrradwerkstatt eingerichtet, die auch von Nicht-Mitgliedern genutzt werden kann. In der Holzwerkstatt haben Interessierte die Möglichkeit, Dinge zu reparieren, etwas Eigenes zu bauen oder mit dem Werkstoff Holz zu experimentieren. Dafür stehen zahlreiche Gerätschaften bereit, wie eine Tischkreissäge oder eine Drechselbank. Auch die Fahrradwerkstatt wird ehrenamtlich betrieben und die Nutzung ist kostenlos.

2018 erhielt der Verein als Entschädigung für eine Flächenverkleinerung eine Streuobstwiese in Leutzsch, auf welcher ein zweiter Nachbarschaftsgarten angelegt wurde.

 Tram 14 bis zur Haltestelle Karl-Heine-Straße/Merseburger Straße

Kazimir
Merseburger Straße 33
04177 Leipzig
0341 67919200

Kazimir im Westwerk
Karl-Heine-Straße 93b
04177 Leipzig

31 Kleine Schatzkammer
Second-Hand- und Kunsthandwerk-Shop Kazimir

Der Laden *Kazimir* liegt auf der Merseburger Straße, die früher eine beliebte Einkaufsstraße war und inzwischen auf dem besten Weg ist, diesen Status wiederzuerlangen, denn Einzelhandel und Gastronomie siedeln sich zunehmend wieder an. In dem kleinen, aber feinen Geschäft mit der Hausnummer 33 findet man eine Auswahl an Vintage und Handgemachtem.

Der *Kazimir* gehört schon seit 2014 zur bunten Riege der Second-Hand-Geschäfte Leipzigs und schenkt gebrauchter Mode, Taschen und Schmuckstücken ein zweites Leben. Darüber hinaus bildet nachhaltig Handgemachtes die zweite Säule des Sortiments. Inhaberin ist Vanessa, ihre Freundin Carle ist aber auch von Anfang an mit dabei. »Wir waren damals auf der Suche nach einem Gemeinschaftsbüro und fanden es dann gut, das Ganze mit einer Ausstellungsfläche zu verbinden, sodass wir die dort geschaffenen Arbeiten der Außenwelt präsentieren können«, erinnert sich Vanessa. »Die Idee, auch Second-Hand-Kleidung zu verkaufen, kam dann obendrauf, und so ist die Mischung, die heute noch angeboten wird, entstanden.«

Inzwischen mussten die Schreibtische weichen, um Platz für den Lagerraum zu machen. Denn die Auswahl ist groß: Von Kleidung über Accessoires wie Schmuck bis hin zu Schreibwaren verbergen sich viele Schätze im *Kazimir*. Ein Highlight ist die üppig bestückte Schmuckwand im hinteren Bereich des Ladens. Einen Eindruck von den Vintage-Teilen des Shops kann man sich vorab über den Etsy-Shop des *Kazimir* machen. Die handgemachten Artikel stammen von Leipziger Kreativen und wurden mit viel Hingabe und unter fairen Bedingungen in der Messestadt gefertigt. Darunter befinden sich auch Produkte, die von *Kazimir* selbst stammen, wie zum Beispiel kleine Täschchen aus recycelten Materialien.

Das Westwerk beheimatet einen zweiten *Kazimir*-Shop, der in Kooperation mit dem Second-Hand-Laden *Garderobe* eröffnet wurde. Er ist fußläufig in wenigen Minuten zu erreichen.

 Tram 14 bis zur Haltestelle Karl-Heine-Straße/Merseburger Straße

Lindenau

32 Bunte grüne Basics
Modelabel little kiwi

Seinen Namen verdankt das Label von Olga Kassner dem gleichnamigen Vogel, der als bedrohte Art als Sinnbild für die Notwendigkeit des Umdenkens gilt. Genau das tat Olga Kassner, als sie 2015 ihre Boutique an der Grenze der Stadtteile Lindenau und Plagwitz eröffnete. Nach vielen Jahren als Mitarbeiterin in Agenturen hatte sie Lust, etwas Neues zu machen. Und zwar etwas, was Menschen lange Zeit nutzen können. Ihr Modelabel *little kiwi* steht heute für nachhaltige Basics mit unterschiedlichen Print-Motiven.

Die gute Seele des Ladens ist ein Plüsch-Kiwi, den Olga Kassner zur Eröffnung von einer Freundin geschenkt bekommen hat. Alle Kleidungsstücke, die sie bedruckt, tragen das Fair-Wear-Logo. Damit wird Mode gekennzeichnet, die unter Einhaltung von besonders strengen Sozialstandards produziert wurde. Die Produkte werden wahlweise in Bio-Baumwolle oder Mischgeweben mit Modal- oder Tencel-Fasern angeboten. Bedruckt werden sie in Leipzig im Siebdruckverfahren. Das dauert zwar länger und ist aufwendiger als ein Digitaldruck, dafür hält die Farbe am Ende besser und länger, was die Lebensdauer des Textils erhöht.

Neben Kleidung bietet Olga Kassner auch einige wiederverwertete Erzeugnisse in ihrem Laden an. »Aus fehlerhaften Textilien habe ich Sofakissen mit meinen Drucken per Upcycling hergestellt«, erklärt sie. »Da jedes Teil einzigartig ist, kann man es nicht online anbieten – man muss es sehen, anfassen und fühlen.«

Mit ihrem Label ist Olga Kassner außerdem Mitglied unterschiedlicher Leipziger Vereinigungen, die sich für mehr Fairness im Mode-Markt starkmachen, darunter *Leipzig Fairkleiden*, *Fashion Revolution* und *Fairtrade-Town Leipzig*.

Nur wenige Meter entfernt befindet sich die Karl-Heine-Straße, auf der man viele großartige Geschäfte findet, die allesamt zum Stöbern einladen.

 Tram 14 bis zur Haltestelle Karl-Heine-Straße/Merseburger Straße

Lindenau

33 Kreativer Kosmos
Kunst- und Kulturzentrum Spinnerei

Die alte Baumwollspinnerei im Leipziger Westen ist eine Stadt in der Stadt, ein eigener kleiner Kosmos. Zu Beginn des 20. Jahrhunderts noch größte Baumwollproduktionsstätte in Kontinentaleuropa, entwickelte sich das einstige Firmengelände zu einem Zentrum für Kunst und Kultur mit bedeutenden nachhaltigen Akzenten.

Auf dem Areal haben hundert Künstlerateliers, vierzehn Galerien, Werkstätten, Architekten, Designer, Schmuck- und Modemacher, der *boesner*-Shop für Künstlerbedarf, die Theaterspielstätte Residenz, ein internationales Tanz- und Choreografiezentrum, Druckereien, das Künstlerbuch *Lubok*, das Kino *LuRu* sowie die gemeinnützige *Halle 14* ein Zuhause gefunden. Die Manufaktur *Gela-Hüte* fertigt aus hochwertigen Materialen Kopfbedeckungen, die einen ein Leben lang begleiten sollen. In der Werkstatt von Andrea Doria werden Geschirr und Dekorationsartikel aus Keramik in kleinen Chargen produziert. Als grünes Blitzlicht ebenfalls hervorzuheben ist das Geschäft *Streichgut*, in dem Naturfarben aus nachhaltiger Fertigung für Bau- und Handwerksprojekte zu erwerben sind. Im Gegensatz zu konventionellen Produkten bestehen sie ausschließlich aus Rohstoffen wie Schlamm, Erde oder Sumpfkalk und enthalten keine Zusätze aus Erdöl, Konservierungsmittel oder Plastik.

Wer das gesamte Areal und seine Kreativen kennenlernen möchte, der kann an einem der regelmäßigen Rundgänge teilnehmen. Die Termine finden sich auf der Website. Anschließend kann man die Eindrücke bei einem Kaffee oder einem Stück Kuchen im Café Mule sacken lassen. Es wird auf dem Gelände von Eckehart Grundmann geführt, dem auch das Café Grundmann und das Café Maître in Leipzig gehören – großer Genuss garantiert!

In der Spinnerei sind auch Übernachtungen möglich. Die Pension Meisterzimmer ist ein großzügiges Loft.

 Tram 14 bis zum S-Bahnhof Plagwitz

Lindenau

34 Qualität von hier
Rosentreter Modedesign

Urbanstyle und Twenties – was auf den ersten Blick nicht zusammenpasst, vereint Sandra Jahn in ihrer Manufaktur. Mit *Rosentreter Modedesign* hat die gelernte Schneiderin seit 2007 im Westwerk in Plagwitz eine Heimat gefunden. Gegründet hat sie ihr Label bereits vier Jahre zuvor und gehört damit schon lange zur Fair-Fashion-Szene Leipzigs.

In ihrem Atelier entwirft sie ein bis zwei eigene Kollektionen pro Jahr, die in geringen Stückzahlen gefertigt werden. In Sachen Materialien setzt Sandra Jahn auf Qualität und Robustheit. Bei ihr kommen ausschließlich Leinen, Jersey, Baumwolle, Loden, Woll- und Strickstoffe aus Europa zum Einsatz. »Nachhaltigkeit spielt für mich eine große Rolle, sodass die Lieblingsstücke nicht durch kurzfristige Modetrends oder schlechte Materialien verschleißen.«

Ergänzt wird das Sortiment durch eine Auswahl an passenden Accessoires wie zum Beispiel Stulpen, Caps oder Gürteltaschen. Diese sind ebenfalls zeitlos designt, sodass man sie langfristig und gut kombinieren kann. Egal ob Jackett, Weste, Rock oder Knickerbocker – was Sandra Jahns Entwürfe verbindet, ist die Alltagstauglichkeit aller Stücke. Die Knickerbocker ist dabei gewissermaßen das »Signature Piece« der Kollektionen und als solches sehr beliebt.

Individuelle Wünsche dürfen ebenfalls geäußert werden. Generell gilt bei Sandra Jahn: Alles wird auf den Leib geschneidert, denn sie versteht ihr Handwerk. Deshalb hat sie inzwischen auch einen großen Stamm an Kunden, die immer wieder kommen. Und wer mag, der kann bei einem Besuch hinter die Kulissen schauen, denn das Atelier schließt nahtlos an den Showroom an.

Direkt neben dem Westwerk befindet sich das Kaiserbad, wo man nach einer Tour über die Karl-Heine-Straße direkt am Kanal wunderbar entspannen kann.

 Tram 14 bis zur Haltestelle Karl-Heine-Straße/Merseburger-Straße

Plagwitz

35 Die mit dem Rhabarberleder
Concept Store deepmello & friends

Der Concept Store *deepmello & friends* bietet bereits seit 2018 fairen und nachhaltigen Produkten aus den Bereichen Fashion, Interior, Food und Kosmetik ein Zuhause. Gegründet wurde das Geschäft von Anne und David Bansleben, ursprünglich um ihr eigenes Label *deepmello* zu vermarkten. Von Anfang an waren aber auch die »friends« dabei, also befreundete Marken, die ihre Werte teilen.

»Unsere Kunden sollen sich sicher sein, nicht nur Produkte aus nachhaltigen zertifizierten Materialien zu kaufen, sondern dass diese auch immer unter fairen Bedingungen hergestellt wurden«, erklärt Anne Bansleben, »also natürlich der Verzicht auf Kinderarbeit, zertifizierte Betriebsstätten, faire Bezahlung und häufig auch die Unterstützung weiterer sozialer Projekte durch den Kauf.«

Das Kerngeschäft von *deepmello* bilden unterschiedliche Erzeugnisse aus Rhabarberleder. Dabei handelt es sich um Leder, das pflanzlich und chromfrei gegerbt wurde – mithilfe des namensgebenden Gemüses. Die Methode dazu haben Anne und David Bansleben selbst entwickelt, denn eigentlich sind die beiden Wissenschaftler, genauer gesagt Biochemiker und Pflanzenanalytiker. Gefertigt wird das Material in Deutschland und gilt als eines der nachhaltigsten Leder unserer Zeit.

Im Store auf der Karl-Heine-Straße sind zum Beispiel Möbel, Kleidung und Taschen aus Rhabarberleder erhältlich. Anne und David Bansleben unterstützen gerne mit einer ausführlichen Beratung. »Wir kennen alle Marken und ihre Gründer persönlich und erzählen gerne, was dahintersteckt«, betont Anne Bansleben.

Mit dem Rhabarberleder arbeiten auch andere Brands, wie zum Beispiel Hessnatur, Harold's oder Grand Step Shoes.

 Tram 14 bis zur Haltestelle Karl-Heine-Straße/Merseburger-Straße

Plagwitz

36 Einmal ohne, bitte!
Unverpackt-Laden Lieber Lose

Franziska Franks *Lieber Lose* ist 2019 in die Zschochersche Straße im Leipziger Westen eingezogen. In dem Laden bekommt man alles, was man für den täglichen Bedarf braucht – nur eben unverpackt. Neben Lebensmitteln umfasst das Sortiment Drogerieprodukte wie Cremes, Badezusätze oder Reinigungsmittel und praktische Alltagshelfer wie plastikfreie Schwimmlernhilfen. Der Fokus liegt auf Langlebigkeit, der Reduzierung von Abfällen und bezahlbarer Qualität – am besten aus der Region. Das Team arbeitet stetig daran, das Angebot an Lebensmitteln aus der Stadt und der unmittelbaren Umgebung zu erweitern. Das Gemüse stammt von Bio-Höfen aus dem Leipziger Umland, zum Beispiel von dem urbanen Landwirtschaftsbetrieb *Annalinde* oder dem Hofgut Kreuma und dem Gemüsebau Maria Bienert. Auch die Backwaren kommen aus Leipzig, ergänzt wird das regionale Sortiment durch Mehle, Getreide und sogar Räuchertofu.

»Wenn man im Laden ist, sollte man sich Zeit nehmen, um gänzlich zu erfassen, an welchen Stellen man Müll einsparen kann, obwohl man das eigentlich für unmöglich gehalten hat«, erklärt Franziska Frank. Und tatsächlich, bei *Lieber Lose* findet man Lösungen für Probleme, die einem vorher nicht bewusst waren. Beim Stöbern stößt man auf unverpackte Zahnputztabletten oder Glitzerpulver aus Zellulose. Und scheint ein Bedarf nicht gedeckt zu sein, ist das Team stets offen für Produktwünsche und bereit, neue Wege zu beschreiten.

Für Großabnehmer wie Bürogemeinschaften bietet *Lieber Lose* seine Waren zu besonderen Konditionen an. Zu den belieferten Einrichtungen in Leipzig gehören unter anderem die Schaubühne Lindenfels sowie einige Schulen und Kindergärten.

Direkt gegenüber befindet sich die *Brühbar*, wo Kaffeekultur richtig zelebriert wird.

 Tram 3, 14 oder Bus 74 bis zur Haltestelle Felsenkeller

Plagwitz

Plagwitzer Markthalle
Markranstädter Straße 8
04229 Leipzig
0341 9999500

Jump House Leipzig
Markranstädter Straße 8a
04229 Leipzig
040 5407012

37 Regionale frische Produkte
Plagwitzer Markthalle

Die Plagwitzer Markthalle ist eine echte Institution in der nachhaltigen Stadtlandschaft Leipzigs. Beim Samstagsmarkt bieten regionale Erzeuger jedes Wochenende ihre Waren feil. Neben Gemüse, Obst, Backwaren, Wurst und Käse findet sich zudem ein sogenanntes »Erzeuger-Regal« mit Seifen, Tees, Ölen und weiteren regionalen Erzeugnissen.

Die Auswahl an regionalen Lebensmitteln ist riesig. Wer beim Anblick hungrig wird, für den ist beim Samstagsmarkt ebenfalls gesorgt, denn die Essensstände in und vor der Halle bedienen von süß bis salzig jeden Geschmack. Sitzgelegenheiten im Innen- und Außenbereich laden zum Verweilen ein.

Neben der Markthalle, in der sich der Hauptteil des Samstagsmarktes abspielt, befindet sich eine große Lagerhalle, die dem Leipziger Lebensmittelgroßhändler Egenberger gehört. Dort sind weitere Nahrungsmittel erhältlich, die zu großen Teilen in Produktionsräumen vor Ort erzeugt werden. Nicht nur die Ware von Egenberger wird dort hergestellt, sondern auch viele kleinere Firmen haben unter dem Dach eine Produktionsküche gefunden. Auch die Gründungsküche ist an diesem Ort untergebracht, ein Projekt von Egenberger in Kooperation mit der *SMILE Initiative* der Universität Leipzig. Damit wird Start-ups im Lebensmittelbereich die Möglichkeit gegeben, sich auszuprobieren und gefördert zu werden. Viele der Erzeugnisse, die hier entstehen, kann man dann auf dem Samstagsmarkt kaufen.

Neben dem Wochenmarkt finden in der Halle das gesamte Jahr über Veranstaltungen statt, wie zum Beispiel ein Sommerkino oder der Freitagsapero, bei dem man ebenfalls Erzeuger aus der Region kennenlernen kann – ganz entspannt bei einem Aperitif!

Auf dem Gelände befindet sich das *Jump House Leipzig,* in dem man sich wunderbar auspowern kann, und zwar mit der ganzen Familie.

Tram 3 bis zur Haltestelle Markranstädter Straße

Plagwitz

38 Alles kostenlos
Umsonstladen

Der Umsonstladen im Leipziger Westen ist eine echte Institution, denn er besteht bereits seit 2005. Gegründet wurde er aus dem Antrieb heraus, der Überfluss- und Wegwerfmentalität entgegenzuwirken. »Diese Ideen schwirrten ein paar Leuten im Kopf herum, die in einem soziokulturellen Projekt im Leipziger Westen aktiv waren. Sie fanden zueinander und hatten das Glück, dass ihnen ein Raum fast kostenlos zur Verfügung gestellt wurde«, erinnert sich Andreas, der sich im Umsonstladen engagiert.

Dinge, die nicht mehr gebraucht werden, aber noch funktionsfähig sind, können in der Gießerstraße abgegeben werden und andere, die genau diese Dinge benötigen, können sie kostenlos mitnehmen – eine Win-Win-Situation für alle Beteiligten und auch für die Umwelt, denn auf diese Weise werden Ressourcen vor der Vernichtung bewahrt. Dabei handelt es sich vor allem um Kleidung und Bücher, aber auch um Haushaltsgegenstände und Spielzeug.

Zur Zeit seiner Gründung war der Umsonstladen im Leipziger Westen eine absolute Neuheit, inzwischen existieren mindestens drei Geschäfte dieser Art im Stadtgebiet. »Der Umsonstladen Leipzig wird sehr gut angenommen«, erzählt Andreas. »Die Menschen, die uns besuchen, stellen einen Querschnitt durch alle gesellschaftlichen Schichten dar.« Auch wenn das Angebot am häufigsten von Menschen genutzt werde, die nicht so viel Geld zur Verfügung haben. Einen Nachweis über seine Bedürftigkeit muss man nicht erbringen. Die Türen sind für alle geöffnet. Das Team ist zudem immer auf der Suche nach Freiwilligen, die Lust haben, das Projekt mit ihrer Zeit zu unterstützen.

Der Umsonstladen liegt in unmittelbarer Nähe zum Karl-Heine-Kanal, an welchem man mit wunderschöner Aussicht spazieren kann.

 Tram 14 bis zur Haltestelle Karl-Heine-Straße/Gießerstraße

39 Gebrauchtes sinnvoll einsetzen
Tauschladen

Der Tauschladen wurde im Februar 2014 mittels einer Arbeitsgelegenheit konzipiert und drei Monate später eröffnet. In dem geldfreien Raum können Waren des täglichen Bedarfs wie zum Beispiel Kleidung, Bücher oder Haushaltsartikel eingewechselt oder mitgenommen werden.

Das Projekt erfüllt damit einen nachhaltigen Zweck im doppelten Sinne: Ökologisch betrachtet sorgt es dafür, dass Gebrauchtes eine zweite Chance erhält und die Materialien länger im Kreislauf bleiben. Denn alles, was vor Ort angeboten wird, stammt aus erster oder zweiter Hand. Sozial betrachtet bietet der Laden Menschen mit geringem Einkommen die Möglichkeit, Grundbedürfnisse zu decken, indem diese unter anderem kostenlos Kleidung bekommen können. Nur Personen, die über einen gültigen Leipzig-Pass oder einen anderen Sozialhilfebescheid verfügen, dürfen daher Waren aus dem Laden mitnehmen. Alle anderen sind herzlich eingeladen, ausrangierte, gut erhaltene Stücke zur Verfügung zu stellen.

Spenden werden sorgfältig sortiert und bei Bedarf repariert. Den Raum dazu bietet eine angegliederte Nähstube. »Die Idee, die hinter dem Tauschladen steckt, ist einen Ort zu schaffen, wo Mensch mit gutem Gefühl nicht mehr benötigte Dinge abgeben und sich deren sinnvoller Weiterverwendung ziemlich sicher sein kann«, erklärt Kaja Klaus, Koordinatorin des Projektes.

Zudem haben im Laden insgesamt rund zwanzig Menschen mit geringen Erwerbschancen eine Beschäftigung gefunden. Sie lernen unter anderem, Verantwortung zu übernehmen, und werden zum Teil wieder in das reguläre Arbeitsleben eingegliedert.

Der Tauschladen ist ein Projekt des Bildungsdienstleisters *inab*. Auf dem Gelände in Plagwitz gibt es eine Reihe weiterer zu entdecken, zum Beispiel eine Holzwerkstatt und einen offenen Treff.

 Tram 14 bis zur Haltestelle Karl-Heine-Straße/Gießerstraße

Plagwitz

40 Recyceln für Kids
Bauspielplatz Wilder Westen

Der Bauspielplatz Wilder Westen gehört zu dem Bürgerbahnhof Plagwitz, der seit Jahren ein buntes Experimentierfeld verschiedener Initiativen im Grünen bietet. Zugleich erhalten ausgemusterte Materialien eine neue Verwendung, und der Nachwuchs lernt auch noch was dabei. Das Areal ist ein »Work in Progress«, will heißen: Hier verändert sich ständig etwas. Und zwar durch die Kinder und Jugendlichen, die an diesem Ort handwerkeln, lehmbauen, schrauben und toben.

Das Angebot richtet sich primär an Sechs- bis Dreizehnjährige, aber auch jüngere Geschwister sind herzlich willkommen. Im Zentrum steht eine große Holzburg, die ständig erweitert und umgebaut wird. Zur Verfügung stehen allerlei Materialien, mit denen sich alle handwerklich ausprobieren können – ein Projekt, das aufs Machen und Erleben ausgelegt ist und damit im starken Kontrast zu dem sonst mediendurchdrungenen Alltag vieler Kinder steht. Die selbst gebauten Hütten können mit eigens angemischten Farben bemalt werden. Unter Anleitung kann das Schmieden per pedalbetriebener Feldschmiede erlernt werden oder die Instandsetzung von Fahrrädern – das genaue Programm entwickelt sich wie das Gelände stetig weiter. Dem Nachwuchs werden dadurch wesentliche Fertigkeiten vermittelt, Materialien zu recyceln und Dinge zu reparieren. In einer Außenküche darf Essen selbst zubereitet und Lebensmittel kennengelernt werden.

Getragen wird das Projekt durch den Verein *KiWEST e.V.*, der mehrere Orte dieser Art in Leipzig und Umgebung unterhält. Die Bauspielplätze sollen ein Gegengewicht zum sonstigen Alltag der Kinder und Jugendlichen darstellen. Es herrscht weder Konkurrenz noch Leistungsdruck, dafür wird viel Raum zum Erleben und Experimentieren geboten.

Einmal pro Woche findet ein *Mädchen*-Tag* statt. Mehr Infos und Veranstaltungen finden sich auf der Website.

 Tram 14 bis zum S-Bahnhof Plagwitz

**Hildegarten Leipzig
Bürgerbahnhof Plagwitz**
(April–Oktober)
Röckener Straße 44
04229 Leipzig
0341 92744021

41 Ernte für alle
Hildegarten

Der Hildegarten ist ein Gemeinschaftsgarten auf dem Gelände des Plagwitzer Bürgerbahnhofs, direkt neben dem Bauspielplatz. Jeder ist willkommen mitzumachen – zu gärtnern, zu entspannen und zu staunen. Auch Besucher sind zu den Öffnungszeiten eingeladen, sich in der grünen Oase umzusehen.

Wer den Hildegarten aktiv mitgestalten will, kann einfach vorbeikommen oder am Hildegartenfrühstück teilnehmen, das einmal monatlich stattfindet. Auf dem Gelände gibt es »Ernte mich«-Beete zum Mitmachen und manchmal auch freie Nutzflächen für neue Mitglieder. Was man auf jeden Fall findet, ist eine offene Gemeinschaft, in der zusammen naturnah gegärtnert wird. Neben gemeinschaftlichen Beeten sind auch Projektflächen vorhanden, wie der Schauacker der *Gemüse-Ackerdemie* oder die Schmetterlingswiese.

Der Hildegarten ist außerdem ein Ort der Bildung, der sich der Förderung von Nachhaltigkeit und Umweltschutz verschrieben hat. Im Rahmen des Programms »Stadtkinder entdecken Garten« besuchen immer wieder Schulen und Kitas das Projekt. Außerdem bietet das Team ein breites thematisches Workshop-Angebot an, das jedes Jahr neu aufgelegt wird. Interessierte Menschen kommen dabei zusammen, unternehmen kulinarische Gartenrunden, erfahren alles über Heilkräuter, Permakultur oder auch Malen mit Pflanzensäften. Eine Auflistung der anstehenden Termine werden an der Tafel vor dem Hildegarten oder auf der Website veröffentlicht. Getragen wird das bunte Jahresprogramm zu großen Teilen von freiwilligem und ehrenamtlichem Engagement.

Während die Eltern emsig im Grünen werkeln, können die Kinder sich auf dem dazugehörigen Spielplatz austoben. Was die wenigsten wissen: Es wird nicht nur gegärtnert, sondern auch geimkert. Das Ergebnis nennen die Mitglieder liebevoll »Hildehonig«.

Auf dem Gelände des Bürgerbahnhofs findet sich ausreichend Platz zum Ballspielen, Schaukeln und weiterem Entdecken.

 Tram 14 bis zum S-Bahnhof Plagwitz

Atelier Wolkengold
Erich-Zeigner-Allee 64a
04229 Leipzig
0173 7495783

42 Nachhaltig und handgemacht
Atelier Wolkengold

Nachhaltige Materialien und echtes Handwerk – dafür steht die Goldschmiede Atelier Wolkengold von Yvonne Sander-Biesecke, die seit 2015 in Leipzig-Plagwitz besteht. Nachhaltig bedeutet in diesem Fall, dass hier ausschließlich recyceltes Gold und Silber verarbeitet werden. Bei den Edelsteinen legen Sander-Biesecke und ihr Team Wert darauf, die genaue Herkunft der Steine zu kennen – eine echte Seltenheit im Bereich Schmuck. Mit ihrer Arbeit möchte Yvonne Sander-Biesecke dazu beitragen, mehr Verständnis für das Handwerk eines Goldschmieds bei ihren Kunden zu schaffen. »Deshalb erkläre ich, wo unsere Materialien herkommen und wie die Herstellungsprozesse aussehen«, erzählt sie. »Die meisten sind ganz dankbar oder auch einfach nur begeistert, dass das alles ›noch‹ mit Hand gemacht wird.«

Aus diesem Grund hat sie gemeinsam mit ihrem Team im Sommer 2024 auch das Kurs-Angebot erweitert. Neben dem klassischen Goldschmiede-Kurs, in welchem Laien fünf Stunden lang in das Handwerk eintauchen und ein eigenes Schmuckstück schmieden können, gibt es neu einen fortlaufenden Kurs, bei welchem man zwei Stunden pro Woche in die Goldschmiede kommen und an seinen Projekten arbeiten kann. »Das ist ein echter Türöffner für unsere Arbeit und die Wertschätzung ist danach immer eine andere«, sagt Sander-Biesecke.

Bei ihrer hauseigenen Kollektion legt die Goldschmiedin Wert darauf, etwas Besonderes zu kreieren. Sie will mit ihren Einzelstücken dem, wie sie sagt, eher legeren Style der Deutschen ein i-Tüpfelchen verpassen. »Nichts finde ich schlimmer als das Ewige wiederholen von Formen und Varianten«, erklärt Sander-Biesecke. Ihre Stücke stehen hingegen für Glamour – und das jeden Tag.

Die Goldschmiedekurse im Atelier Wolkengold eignen sich wunderbar als Geschenk.

 Tram 3 bis zur Haltestelle Markranstädter Straße

Plagwitz

Schwesterchen & Schwesterchen
Weißenfelser Straße 5
04229 Leipzig
0152 24122932

Stiftung Werkstattmuseum für Druckkunst
Nonnenstraße 38
04229 Leipzig
0341 231620

43 Feines & Schönes
Geschenkeladen Schwesterchen & Schwesterchen

Das *Schwesterchen & Schwesterchen* ist ein kleines, aber feines Geschäft im Leipziger Westen, das man selten verlässt, ohne einen Schatz gefunden zu haben – der perfekte Geschenkeladen, und zwar im besten Sinne. Ein Augenmerk liegt auf Nachhaltigkeit, so findet sich eine gut sortierte, ausgewählte Second-Hand-Abteilung mit Kleidung für Groß und Klein sowie Spielsachen.

Vor allem für Kinder ist eine herrliche Auswahl an den schönsten Spielwaren und Dekorationsartikeln zu finden. Bemerkenswert groß ist das Angebot an Mäusen der Marke *Maileg* – diese wohnen in streichholzschachtelartigen Kartons und fahren Dreirad, feiern Weihnachten und dekorieren ihre Mäusehäuschen. Außerdem wohnen unter einem Dach Puppen aller Hautfarben und eine ganze Herde niedlicher Stoffschweine. Neben Kuscheltieren umfasst das Sortiment auch Rucksäcke, Federmappen, Schreibmaterialien, Nagelsticker und vieles mehr – eben alles, was das Herz begehrt, und das in sehr schön und irgendwie besonders. Erwachsene kommen ebenfalls auf ihre Kosten, und zwar durch die sorgfältig kuratierte Auswahl an Wohnaccessoires und Papeterie sowie ästhetischen Teilen für die Küche. Man sollte bei einem Besuch auf alle Fälle Zeit zum Stöbern, Anprobieren und Begutachten einplanen.

Gegründet wurde der Laden im Jahr 2009 von zwei Schwestern. Kurz darauf stieg die dritte und jüngste Schwester Sarah mit ein und übernahm das Geschäft schließlich 2012 gemeinsam mit ihrem Mann. Ein guter Eindruck vom Stil von *Schwesterchen & Schwesterchen* lässt sich vorab auf der Website machen.

Leipzig ist Buchstadt! Um die Ecke befindet sich das äußerst sehenswerte Museum für Druckkunst.

 Tram 1, 2 bis zur Haltestelle Holbeinstraße

Plagwitz

44 Geben und nehmen
Tauschbox

Die Tauschbox in Schleußig steht direkt neben der Entenbrücke. Ausgediente Gegenstände können in dem Holzschrank abgestellt oder Dinge daraus kostenlos mitgenommen werden. Aufgestellt wurde die kleinen Tauschbörse vom *BUND Leipzig*, einem lokalen Umweltschutzverband. Die Idee: Das, was der eine gerne loswerden möchte, könnte genau das sein, was andere vielleicht schon lange suchen. Statt Ausrangiertes in den Müll zu schmeißen, wird es an andere verschenkt. Damit werden Ressourcen eingespart.

Ob man etwas Passendes in der Tauschbox findet, das ist natürlich Glückssache. Was jedoch nahezu immer die Regale schmückt, das ist eine Auswahl an ausgelesenen Büchern. Ansonsten kann der Inhalt stark variieren und reicht von Spielen für Kinder bis hin zu Second-Hand-Kleidung.

Wer selbst etwas abgeben möchte, den bittet der *BUND*, von verderblichen oder spitzen Gegenstände abzusehen. Darüber hinaus sollten die Sachen noch in einem guten Zustand und weiterhin funktionsfähig sein. Kaputte Kleidung, die man Bekannten nicht weiterreichen würde, gehört zum Beispiel nicht hinein. Außerdem soll nichts neben die Box gelegt werden, damit sie weiterhin ein sauberer Ort der Begegnung und Nachhaltigkeit bleibt.

Abgesehen von dem Schleußiger Standort an der Weißen Elster betreut der *BUND* übrigens weitere Tauschboxen im Leipziger Stadtgebiet. Eine steht in der Südvorstadt, eine andere in Grünau und eine dritte, speziell für Pflanzen, im Botanischen Garten. Eine aktuelle Übersicht findet sich auf der Website des *BUND*.

Die schöne Gegend rund um die Weiße Elster eignet sich wunderbar für einen Spaziergang.

 Tram 3 bis zur Haltestelle Limburger Straße

45 Grün über Grün
Roots. Pflanzencafé

Das *roots* ist das wohl hyggeligste Café Leipzigs. Wohlfühlen wird hier großgeschrieben. Gegründet wurde die gute Kaffeestube im Oktober 2019 von zwei Frauen, die sich selbst als »Kaffeeliebhaberinnen und Pflanzenmuddis« beschreiben. Inzwischen ist nur noch Lisa übrig, deren Liebe für die Natur sich in jeder Ecke zeigt.

Die Gäste sitzen förmlich in einem Dschungel. Die Gewächse gehören zum Konzept des *roots* als Pflanzencafé dazu wie das koffeinhaltige Gebräu. Sie kann man aber nicht nur bestaunen, sondern auch kaufen. Dazugehörige Accessoires wie Übertöpfe oder Dekoration im Makramee-Stil gehören ebenfalls zum Sortiment. Zudem kann man sich auf eine gute Beratung zur Pflege verlassen.

Die Speisen und Getränke sind mindestens vegetarisch, oft sogar vegan. Vor allem die Auswahl an Kuchen kann sich wirklich sehen lassen. Als absoluter Gästeliebling hat sich der New York Cheesecake mit Salted Caramel erwiesen. Wer es herzhaft mag, für den haben Lisa und ihr Team kleine Snacks wie Avocado-Brot im Angebot.

Das Café liegt mitten auf der Könneritzstraße in Leipzig-Schleußig und damit auf einer der lebendigsten Meilen der Stadt. In den letzten Jahren haben sich viele nachhaltige Konzepte und Projekte hier angesiedelt. Und von der guten Nachbarschaft profitieren auch die Gäste des *roots:* In Kooperation mit den umliegenden Geschäften finden im Café immer wieder nachhaltige Events statt, bei denen man zum Beispiel in einem Second-Hand-Fashion-Angebot stöbern und dabei leckeren Kuchen genießen kann.

Vom *roots* aus ist es nicht weit bis zum Klingerweg, wo man sich im Sommer ein Boot oder Kanu für eine Tour über die Weiße Elster leihen kann.

 Tram 1, 2 oder Bus 60, 74 bis zur Haltestelle Rödelstraße

Schleußig

Brautkleid sucht Braut
Könneritzstraße 86
04229 Leipzig
0163 7158958

46 Der schönste (grüne) Tag im Leben
Boutique *Brautkleid sucht Braut*

Das wichtigste Modestück bei einer Hochzeit ist zweifelsohne das Brautkleid. Doch nach seinem großen Auftritt am schönsten Tag des Lebens endet es meist als Erinnerung im Schrank. Dass das nicht sein muss, darauf will Beatrice Teichmann aufmerksam machen. Deshalb bietet sie in ihrer Boutique *Brautkleid sucht Braut* neben Neuwaren auch gebrauchte Modelle an und schenkt ihnen somit die Chance auf einen erneuten Einsatz.

Dass Beatrice Teichmann auf Second Hand setzt, hat mehrere Gründe. »Die Nachhaltigkeit spielt für mich eine große Rolle. Es ist aber einfach auch schade um die Kleider, wenn sie nur einmal benutzt werden«, sagt sie. Der Kauf eines Second-Hand-Kleides bringt nicht nur den Vorteil, dass Ressourcen geschont werden. Er spart auch noch Geld. Die Roben aus zweiter Hand sind in Kommission gegeben worden. Das bedeutet, dass sie so lange den jeweiligen Besitzerinnen gehören, bis sie eine neue Eigentümerin gefunden haben.

Beatrice Teichmann ist mit ihrem Konzept im Jahr 2018 gestartet, damals noch in einem kleinen Geschäft in der Zwickauer Straße. Inzwischen ist *Brautkleid sucht Braut* gewachsen, mehrere Ankleidebereiche wurden eingerichtet und die Gründerin wird inzwischen von weiteren Mitstreiterinnen unterstützt. Bei der Auswahl der Modelle achtet Beatrice Teichmann darauf, ein möglichst breites Sortiment zu bieten, von A-Linie bis Zweiteiler, schließlich soll für jede Kundin etwas dabei sein.

Besonders viel Wert legen Inhaberin und ihr Team auf eine gute, umfassende Beratung, die mal bis zu zwei Stunden dauern kann. Mit den passenden Accessoires, Schuhen und Schmuck kann das Outfit im Anschluss abgerundet werden.

Wer sich vorab einen Eindruck vom aktuellen Second-Hand-Angebot machen möchte, kann das auf der Website tun!

 Tram 1, 2 oder Bus 60, 74 bis zur Haltestelle Rödelstraße.

Schleußig

Kunst und Katze
Schnorrstraße 24
04229 Leipzig
0178 7178789

47 Faires Handwerk
Laden *Kunst und Katze*

Porzellan, Papier, Draht oder auch Naturfasern – bei *Kunst und Katze* in Schleußig findet man handgemachte Erzeugnisse aus unterschiedlichsten Materialien. Das, was alle Werke miteinander verbindet, ist die Tatsache, dass die alle fair hergestellt wurden, von Handwerkern, Familienunternehmen und kleinen Betrieben.

»Für uns sind es die Prinzipien des fairen Handels, dass der Großteil des Geldes beim Produzenten bleibt und das Kunsthandwerk nicht ausstirbt«, erklärt Sissy Naumann, die mit ihrer Familie den Laden betreibt.

Die Idee für *Kunst und Katze* entstand 2011 in Südafrika. Dort kam Sissy Naumann in Kontakt mit dem örtlichen Kunsthandwerk und war direkt fasziniert. »Wenn man dann hört, dass die Gefäße handgemacht sind, mit verschiedenen Erden gefärbt und dass die auch eine Bedeutung haben, dann ist das doch interessant«, erzählt sie strahlend. Noch vor Ort knüpfte sie Beziehungen zu lokalen Initiativen, die bis heute anhalten.

Die Notwendigkeit von Fairness ist für sie allerdings nicht auf die Beziehungen zwischen dem Globalen Norden und dem Süden beschränkt, denn auch kleinere lokale Produzenten haben inzwischen mit Problemen zu kämpfen, ihre Waren zu verkaufen. Weil Naumann diese Entwicklung mit Sorge erfüllt, umfasst ihr Sortiment ebenfalls Artikel deutscher Manufakturen.

Nachhaltigkeit spielt zudem eine wesentliche Rolle, deshalb ergänzen einige Werke das Sortiment, deren Materialien recycelt sind. »Produkte, die bei uns im Regal stehen, haben immer eine Geschichte beziehungsweise einen gewissen Inhalt und Hintergrund«, erklärt Sissy Naumann. »Wir können jedem, den es interessiert, etwas zu diesen Produkten erzählen und scheuen auch keine Mühen und Wege, um dieses Kunsthandwerk unseren Kunden anbieten zu können.«

Die historische Kasse im Geschäft von Sissy Naumann sollte man unbedingt gesehen haben!

 Tram 1, 2 oder Bus 74 bis zur Haltestelle Stieglitzstraße

Schleußig

Fanö Mode
Könneritzstraße 63
04229 Leipzig
0341 46263996

Karlbrücke
Industriestraße
04229 Leipzig

48 Sorgfältig und achtsam kuratiert
Boutique Fanö Mode

Fanö steht für fair, achtsam, nachhaltig und ökologisch. So lautet aber auch der Name des dänischen Eilands, das Sabine Kühnhäuser schon ihr ganzes Leben lang regelmäßig bereist. Ihr Geschäft versteht die Boutique-Gründerin als Insel zum Wohlfühlen auf der belebten Könneritzstraße, im Volksmund »Kö« genannt.

Sie bietet ihren Kundinnen eine sorgfältig kuratierte Auswahl an fairer und nachhaltiger Mode für Frauen. Seit 2017 ist das *Fanö* fester Bestandteil der Fair-Fashion-Szene in Leipzig. Sabine Kühnhäuser kehrte mit der Gründung ihres eigenen Ladens der Fast-Fashion-Industrie den Rücken zu und kam dadurch dem Bedürfnis nach, der Arbeitgeber zu werden, den sie selbst in der freien Wirtschaft nicht finden konnte. Inzwischen besteht das *Fanö*-Team aus einer kleinen Gruppe Gleichgesinnter.

Wer das *Fanö* betritt, der wird sofort herzlich empfangen und vor allen Dingen sehr gut beraten. Sabine Kühnhäuser und ihr Team verstehen ihr Handwerk und wissen, wie man Einzelstücke stilvoll kombiniert. Das beweisen sie auch auf ihrem Instagram-Account. Die Auswahl ist einerseits klassisch, andererseits bunt, und Kundinnen können absolute Hingucker erstehen. Am besten schaut man bei einem Spaziergang auf der Kö vorbei und verschafft sich persönlich einen Eindruck. Auch werden Workshops und Vernetzungsevents veranstaltet, zu denen alle herzlich willkommen sind. Sehr beliebt ist die regelmäßig stattfindende Ladies Night.

Vom *Fanö* aus läuft man nur wenige Minuten bis zur Karlbrücke, auf der sich ein großartiger Blick über die Weiße Elster eröffnet.

 Tram 1, 2 oder Bus 74 bis zur Haltestelle Stieglitzstraße

Schleußig

Beti Lue. zu Leipzig
Könneritzstraße 61
04229 Leipzig
0341 92712597

49 Natürliche Pflege
Salbenmanufaktur *Beti Lue.* zu Leipzig

Wenn man Friederike Fellmers Geschäft auf der Könneritzstraße betritt, dann steigt einem sofort ein angenehmer Duft in die Nase. »Das sind alles von Hand gefertigte Produkte mit Rohstoffen aus kontrolliert biologischem Anbau«, erklärt die promovierte Chemikerin. *Beti Lue.*, so der Name der dazugehörigen Manufaktur, ist sogar noch älter als der Verkaufsladen.

Die Geschichte beginnt 2004 in Chemnitz, als Dr. Bettina Lühmann eine Sanddorncreme für eine Freundin entwickelt, deren Haut sich durch eine Chemotherapie verändert hat. Nach und nach wächst das Sortiment und als Friederike Fellmer auf den kleinen Betrieb aufmerksam wird, ist sie sofort von dem Konzept begeistert. Sie nimmt Kontakt auf und gründet schließlich mit der Salbenmanufaktur *Beti Lue. zu Leipzig* ein eigenes Unternehmen, das eng mit dem Chemnitzer Standort zusammenarbeitet. Die Produktion findet beispielsweise im gemeinsamen Labor in Chemnitz statt. Neue Rezepturen werden in Leipzig entwickelt.

Mit wie viel Leidenschaft Fellmer ihre Manufaktur führt, merkt man vor allem daran, wie sie über ihre Kunden spricht. »Wenn Leute kommen, deren Haut ganz schlecht war, und du sie danach kaum erkennst, weil wieder alles schön ist, dann ist das wunderbar.« Mit ihrer fachlichen Expertise unterstützt sie ihre Kundschaft dabei, Inhaltsstofflisten zu verstehen und eine Pflege aus dem bestehenden Sortiment zusammenzustellen, die perfekt zum individuellen Hautbild passt. Ein absolutes Highlight sind die Kurse in der Manufaktur, die vermitteln, wie man selbst Seifen, Cremes oder Badepralinen anfertigt.

Wer sich in die Produkte von *Beti Lue.* verliebt hat, der kann diese auch im Online-Shop der Manufaktur bestellen.

 Tram 1, 2 oder Bus 74 bis zur Haltestelle Stieglitzstraße

Schleußig

50 Freches für Kinder
Kindermodeladen Rotznasen

Wer den Laden von Annett Oehmich auf der Könneritzstraße betritt, merkt sofort, dass Sortiment und Einrichtung mit viel Liebe zum Detail ausgewählt wurden. Der Laden *Rotznasen* steht für Bio-Kindermode aus nachhaltigen Naturmaterialien wie Baumwolle oder Wolle. Das Angebot umfasst Kleidung großer wie kleiner Marken, bevorzugt aus Deutschland, den Niederlanden, Skandinavien, England, Belgien und Polen.

Bereits seit 2015 verzaubert Annett Oehmich auf der »Kö« Eltern und ihren Nachwuchs mit ihrer Auswahl an Mode, Accessoires und Schuhen. Dazwischen finden sich ausgewählte Spielzeuge, zum Beispiel von den Labels *Fabelab* oder *leo et lea*. Bei den Kindern sehr beliebt ist das Holzpferd Kleiner Donner, das immer vor der Tür steht, wenn der Laden geöffnet ist.

Vor allem die Schuhe stellen für Annett Oehmich eine echte Herzensangelegenheit dar. Kein Wunder also, dass sich die Kartons zum Teil bis unter die Decke stapeln. In ihrem Geschäft vermisst sie die Füße der Kinder fachgerecht und berät die Eltern ausführlich und kompetent. Ein Schwerpunkt des Sortiments sind die Barfußschuhe, die besonders viel Bewegungsfreiheit bieten und die Füße nicht einengen. Bei *Rotznasen* kann man auch Marken ausprobieren, die sonst selten in größeren Mengen ausgestellt sind, wie zum Beispiel *Affenzahn*. Die herzliche und persönliche Beratung rundet das Einkaufserlebnis definitiv ab.

Wer sich nach seiner Shopping-Tour stärken möchte, dem sei das *Maza Pita* ans Herz gelegt. Im syrischen Bistro gibt es auch viele vegane Gerichte!

 Tram 1, 2 oder Bus 74 bis zur Haltestelle Stieglitzstraße

Schleußig

Tonis Organic Icecream Kö
Könneritzstraße 21
04229 Leipzig
0341 2483570

Tonis Organic Icecream Innenstadt
Thomaskirchhof 17
04109 Leipzig

51 Bestes Bio-Eis
Tonis Organic Icecream

Handgemacht, biologisch, lecker – dafür steht das Eis von *Tonis* in Leipzig. Im Sommer produziert das Team um Romy Albrecht und Claudia Rottmann jeden Tag neue Sorten in der Könneritzstraße. Während des kreativen Prozesses entstehen durchaus außergewöhnliche Geschmacksrichtungen wie Kürbissorbet, Joghurteis mit schwarzem Sesam und getrockneten Rosenblüten oder Ziegenkirschjoghurt. In der Könneritzstraße befindet sich seit der Gründung 2003 ebenfalls das Stammhaus der Eismanufaktur, inklusive kinderfreundlichem Freisitz. Im Jahr 2015 wurde außerdem eine Filiale am Thomaskirchhof in der Innenstadt eröffnet. Dort werden neben Eiscreme auch selbst gebackenen Kuchen und Belgische Waffeln verkauft.

Zur Philosophie der Manufaktur gehört es, auf unnötigen Schnickschnack zu verzichten. Zum Beispiel wird auf die Zugabe von tierischen Fetten zur Verbesserung der Konsistenz verzichtet, aber auch auf Geschmacksverstärker, Farbstoffe und andere künstliche Zutaten. Damit jeder das leckere Manufaktur-Eis genießen kann, sind alle Erzeugnisse glutenfrei, ohne Ei und viele Sorten zusätzlich »raw«, vegan oder laktosefrei. Aus eigener Erfahrung kann ich bestätigen, dass die Eisdiele den perfekten Genuss für Allergiker bietet und man gut und umfangreich über jegliche Allergene informiert wird.

Die Zutaten für das Eis bezieht das Team bevorzugt von Produzenten aus der direkten Umgebung. *Tonis* geht zudem gerne Kooperationen mit anderen Lokalgrößen ein. Ein Beispiel dafür ist die Zusammenarbeit mit der Kaffeerösterei Ganos (die sich in unmittelbarer Nähe der Filiale an der Thomaskirche befindet), deren Kaffee man bei *Tonis* aufgebrüht zu seinem Eis genießen kann.

Das Eis von Tonis kann man in den Filialen auch eingefroren für zu Hause kaufen!

 Tram 1, 2 bis zur Haltestelle Holbeinstraße

Schleußig

Norden und Osten

52 Toben und Erholen
Kinderspielplatz Auensee

Am Auensee in Leipzig-Wahren befindet sich wohl einer der schönsten Spielplätze, die die Stadt zu bieten hat. Das liegt nicht zuletzt an der Lage direkt am Wasser, durch die sich ein großartiger Ausblick in die Natur ergibt.

Bei der Gestaltung der Anlage wurde der See als Thema aufgegriffen, daher stehen unter anderem ein Kai, ein Holzschiff und ein Klettermast auf dem Gelände. Kleine und große Kinder können unter freiem Himmel toben, sich auspowern und ihre Sinne schärfen. Durch die Bäume, die den Platz umgeben, sind sie größtenteils von der Sonne geschützt.

Das beliebte Erholungsareal im Nordwesten der Stadt hat sich vor rund hundert Jahren aus einem Vergnügungspark entwickelt. Als Folge der nachhaltigen Umnutzung liegt es heute im Landschaftsschutzgebiet Leipziger Auwald, wo Feuchtbiotope und Streuobstwiesen dominieren. Neben dem Spielplatz bietet das Gelände rund um den Auensee zahlreiche Möglichkeiten, die Freizeit grün zu gestalten. Die umliegenden großzügigen Rasenflächen laden zum Picknicken oder Federballspielen ein. Mit ausgeliehenen Tretbooten kann man die ausladende Wasserfläche erkunden, die rund die Hälfte des gesamten Geländes ausmacht. Am Ufer ziehen sich Rad- und Spazierwege durch die Landschaft.

Und abends kann man das Haus Auensee besuchen, eine Institution in der Stadt, die seit Jahrzehnten ein buntes Kulturprogramm auf die Beine stellt. Daran angegliedert ist ein Biergarten, in dem man sich auch tagsüber bestens stärken kann.

Ein beliebtes Highlight ist die Parkeisenbahn, die seit 1951 in den Sommermonaten auf einer insgesamt 1,9 Kilometer langen Strecke über das Gelände verkehrt.

 Bus 80 bis zur Haltestelle Auensee

Wahren

Ökobad Lindenthal
(April bis September)
Am Freibad 3
04158 Leipzig
0341 4613182

Restaurant Poseidon
Am Freibad 1
04158 Leipzig
0341 4622309

53 Schwimmen im Naturteich
Ökobad Lindenthal

In Lindenthal befindet sich ein Freibad der anderen Art: Statt im blauen Chlorbecken schwimmt man zwischen Seerosen und Schilf in einem großen Naturteich. Dabei verbindet die ökologische Wasseranlage das Beste aus Badeanstalt und See. Zum einen verfügt sie über eine ausgezeichnete Infrastruktur mit Aufsicht, Sanitäranlagen, Verpflegungsmöglichkeiten und einen abgegrenzten Kleinkinder-, Nicht-Schwimmer- sowie einen Spielbereich. Zum anderen sorgt ein natürliches System für die Regeneration des Gewässers und damit für ein ungetrübtes Badeerlebnis.

Die grüne Umgebung und das Froschgequake lassen schnell vergessen, dass wir mitten in der Stadt sind. Dabei verfügt die Badestelle in Lindenthal über eine lange Tradition. »Die Anfänge reichen bis Anfang des 20. Jahrhunderts zurück, erst als Sandteich, ab 1924 als neu gebautes Volks- und Familienbad und zuletzt ab 1998 als erstes ökologisch betriebenes Freibad in Deutschland«, erklärt Martin Hagedorn, der Leiter des Bäderbetriebs bei der *Leipzig Gruppe*.

Im Kontext des ökologischen und nachhaltigen Konzepts wird auf Chlor und andere Chemikalien verzichtet. Stattdessen sorgt eine Kiesfilteranlage für die Selbstreinigung des Gewässers. Dafür wurden in den Becken spezielle Bereiche eingerichtet, die Pflanzen vorbehalten sind. So erreicht das Wasser ohne Zusätze beste Qualität. Die Anlage zum Reinigen des Wassers befindet sich in unmittelbarer Nähe zum Badebereich, sodass man sie vor Ort ansehen kann. Das Wasser zum Duschen wird allein durch die Kraft der Sonne auf 30 Grad erwärmt. An kühleren Tagen wird das Wasser durch Erdkollektoren auf angenehme Temperaturen erhitzt.

Das Griechische Restaurant auf dem Gelände lädt die Besucher während oder nach dem Schwimmen zum Verweilen ein. Auch ohne ein Besuch des Bads kann man ins *Poseidon* einkehren.

 Bus 90 bis zur Haltestelle Lindenthal/Gemeindeamt

Feenhandwerk
Magdeburger Straße 36
04155 Leipzig
0341 24902221

54 Upcycling für Klein und Groß
Bastelcafé Feenhandwerk

Sich künstlerisch ausleben und die Kinder gut beschäftigt wissen – genau dafür wurde das *Feenhandwerk* in Gohlis geschaffen. Inhaberin Vanessa Lusian ist selbst Mutter und seit jungen Jahren leidenschaftlich kreativ. »Ich habe schon lange von einem Bastelcafé geträumt«, erklärt Vanessa Lusian.

Bei der Einrichtung hat sie sich an ihren Bedürfnissen als Mutter orientiert, weshalb Materialien und Spielzeuge für Kinder jeden Alters und sogar eine Krabbelecke für Babys zur Verfügung stehen. Doch das Café richtet sich nicht nur an Eltern und ihren Nachwuchs, sondern an alle, die sich gerne kreativ austoben möchten. Man kann nähen, kleinere Holzarbeiten machen, Schmuck herstellen, mit Papier arbeiten, stempeln oder stanzen. Der Fantasie sind dabei keine Grenzen gesetzt.

Bei dem Konzept nimmt Nachhaltigkeit eine zentrale Rolle ein, denn Vanessa Lusian setzt auf Upcycling. Es ist ihr besonders ein Anliegen, dass Plastik weitere Verwendung findet. Deshalb hat sie in ihrem Laden ein Lager für alte Packmaterialien und Spielzeuge eingerichtet. »Mir ist irgendwann aufgefallen, dass Verpackungen von Obst ganz tolle Steam-Punk-Strukturen haben«, erklärt sie. Aus dem vermeintlichen Abfall entstehen im *Feenhandwerk* unter anderem aufwendig dekorierte Spiegel, wie man sie auf der Herrentoilette des Geschäfts bewundern kann.

Neben der freien Bastelzeit veranstaltet Vanessa Lusian einige Kurse wie den Häkelführerschein, Möbelpolstern oder Sticken. Beliebt sind im *Feenhandwerk* auch die Kindergeburtstage, zum Beispiel mit Harry-Potter-Thema, oder Junggesellinnenabschiede.

In der Weihnachtszeit bietet Vanessa Lusian einen Kurs an, in dem man eine Wichteltür und -geschichte für Kinder inklusive Zubehör bastelt.

 Tram 4, 10, 11 bis zur Haltestelle Georg-Schumann-Straße/Lindenthaler Straße

Gohlis

**Atelier-Manufaktur
Franziska Klee**
Prellerstraße 54a
04155 Leipzig
0152 23024745

55 Pflanzlich gegerbt und handgemacht
Naturleder-Atelier Franziska Klee

Hinter der Marke Franziska Klee steht die namensgebende Gründerin mitsamt Familie, die viel Herzblut, Kreativität und Innovationsarbeit in das Fair-Fashion-Label stecken. Im Gohliser Atelier der Manufaktur entstehen wunderschöne Taschen und Accessoires aus Naturleder.

Das Design der Modelle aus dem Hause Franziska Klee ist minimalistisch und zeitlos. Das ist gewollt, denn dadurch können die Stücke unabhängig von Trends eine lange Zeit getragen werden – ein bewusstes Zeichen gegen die Fast-Fashion-Entwicklung. Was als One-Women-Show begann, ist inzwischen zu einem kleinen Familienunternehmen gewachsen, in welchem Franziskas Mann und eine Handvoll Näherinnen mitarbeiten. Das Außergewöhnliche am Konzept: Genäht wird erst auf Bestellung. Deshalb muss man als Kunde eine etwas längere Wartezeit in Kauf nehmen, kann sich jedoch dafür sicher sein, dass die Ware individuell und bei Bedarf zudem nach den eigenen Wünschen gefertigt wurde. Für einige Entwürfe bietet Franziska Klee auf ihrer Website einen Konfigurator an. Damit kann man beispielsweise die Lauflernschuhe fürs Baby in den eigenen Lieblingsfarben zusammenstellen und mit einer Prägung versehen lassen. Eine Personalisierung ist bei allen Produkten möglich – dafür kann man Franziska und ihr Team unkompliziert via Mail oder Instagram kontaktieren.

In ihrer Manufaktur verarbeitet das Team ausschließlich Naturleder aus Deutschland, das pflanzlich gegerbt wurde. Auf eine Plastikbeschichtung wird verzichtet, weshalb das Material eine einzigartig weiche Haptik hat. Die Taschen verkauft Franziska über ihre Website; eine Bestellung im Atelier ist ebenfalls möglich.

Wer im Atelier vorbeischaut, sollte unbedingt nach dem Recycling-Leder fragen, für das Franziska und ihr Team von Anfang an Materialreste gesammelt haben.

 Tram 10, 11 oder Bus 90 bis zur Haltestelle Wiederitzscher Straße

Erikas Eisdiele
(Frühjahr bis Herbst)
Adolph-Menzel-Straße 9
04157 Leipzig

Anna & Viktor
Michael-Kazmierczak-Straße 33
04157 Leipzig
0341 22341332

56 Experimentier-Faktor in bio
Erikas Eisdiele

Darf's ein Bärlaucheis sein? Oder vielleicht doch lieber Vanille-Parmesan, Kefir oder Milchmädchen? Was für viele vielleicht im ersten Moment etwas absurd klingen mag, ist einer der Gründe, warum die Gohliser (und Fans aus umliegenden Stadtteilen) zu Erika Maier strömen. In ihrer Eisdiele wird Experimentierfreude großgeschrieben, und das in bio und regional.

Im Frühjahr 2019 gab Erika Maier ihren Job als Bilanzbuchhalterin auf und zog von Hamburg nach in die sächsische Metropole. Die Idee zur eigenen Eisdiele entstand gemeinsam mit Manja Dutschke, der Gründerin von *Süsskind.Eis,* der Leipziger Manufaktur, die ausgefallene Sorten kreiert. Doch es geht Erika Maier nicht nur um den Verkauf gekühlter Leckereien. »Ich wollte einen Ort schaffen, wo sich Menschen begegnen und kennenlernen können, einen Ort zum Entspannen und zum Genießen«, erklärt sie. »Wir legen Wert auf gute Produkte und versuchen, alles regional zu beziehen. Auch das Thema Nachhaltigkeit ist uns wichtig, daher sind alle Becher kompostierbar, und wir nutzen schon seit Jahren Pfandbecher und essbare Löffel.« Alternativ lässt man sich seine Kugeln in bunten und mit Schokolade und Streuseln verzierten Eiswaffeln geben. Außergewöhnlich ist die große Auswahl an Toppings: Von Brezeln über Marshmallows bis Gummibärchen ist die Auswahl enorm umfangreich. Und wer klassische Sorten mag, der kommt natürlich ebenfalls auf seine Kosten. Neben Eis verkauft Erika Maier zudem heiße Waffeln, die auf Wunsch selbstverständlich mit Eis serviert werden.

2021 eröffnete sie einen zweiten Standort in Eutritzsch. »Seitdem springe ich zwischen den Geschäften hin und her«, erklärt sie.

In unmittelbarer Nähe zu Erikas Eisdiele befindet sich mit *Anna & Viktor* ein Second-Hand-Shop für Kinderbekleidung, der ebenfalls liebevoll geführt wird.

 Tram 12 bis zur Haltestelle Virchow-Straße/Coppistraße

57 Grün überdacht
Indoor-Spielplatz *Hummelbienchen Kinderwelt*

Die *Hummelbienchen Kinderwelt* ist ein Indoor-Spielplatz für die Kleinsten, wo sie in einer nachhaltigen Umgebung klettern, toben und kuscheln können. Statt aus Plastik bestehen die Geräte größtenteils aus Holz und stammen zudem aus dem Inland oder der näheren Umgebung, um lange Transportwege zu vermeiden.

»Die vorhandenen Materialien haben wir alle bewusst und sorgfältig ausgewählt mit unserem besonderen Anspruch an Nachhaltigkeit, Langlebigkeit und kreativem Spielpotenzial«, erklärt Isabelle Naumann, die Co-Gründerin der Unternehmung. »Dabei spielen für uns die Herkunft und die Herstellung der Materialien eine ebenso große Rolle, wie das verwendete Material.« Die Ausgestaltung des Raumes haben Isabelle Naumann und ihr Mann Hannes selbst in die Hand genommen und sich dabei an dem Konzept von Emmi Pikler orientiert. »Das Entdecken der Umwelt und das Entwickeln der motorischen Fähigkeiten im eigenen Tempo steht zentral für diese Pädagogik. Sie hat in unseren Augen ebenso einen Nachhaltigkeitscharakter, indem dem Kind der notwendige Freiraum in der Bewegungsentwicklung gegeben wird, ohne dass Erwachsene vorweggreifen und Entwicklungsschritte unterbrechen.«

Im Gegensatz zu den meisten anderen Indoor-Angeboten geht es daher im *Hummelbienchen* eher ruhig zu. Damit alle Kinder genügend Raum haben, die Spielwelt in Ruhe zu erkunden, muss man vorher online ein Zeitfenster reservieren. Ein Erfolgskonzept, was die Eröffnung einer zweiten *Hummelbienchen Kinderwelt* hinter dem Felsenkeller in Lindenau/Plagwitz beweist.

Richtig leckeres Essen lässt man sich vis-à-vis schmecken, in der Brasserie Schwung & Schwebe!

 Tram 12 bis zur Haltestelle Virchowstraße/Coppistraße

Gohlis

Naturdrogerie Sturm
Gohliser Straße 35/37
04155 Leipzig
0341 58614894

Spielwarenhandlung Gohlis
Gohliser Straße 35/37
04155 Leipzig
0341 5832571

58 Altes Geschäft neu gedacht
Naturdrogerie Sturm

»Wir sind im Prinzip ein Bio-Laden ohne Lebensmittel«, erklärt Jeannette Sturm das Konzept ihrer Naturdrogerie in Gohlis. Und tatsächlich, in dem Laden findet sich so ziemlich alles, was man aus einer klassischen Drogerie kennt. Nur eben nachhaltig: Von dekorativer Kosmetik über Waschmittel, Putzmittel und Hygieneartikel bis hin zu Haushaltswaren wie Kerzen bleibt kein Wunsch offen. Darüber hinaus steht eine große Bandbreite an ätherischen Ölen zur Aromatherapie zur Auswahl.

Jeannette Sturm ist es wichtig, zu den Firmen, deren Ware sie ins Sortiment aufnimmt, eine Beziehung zu pflegen. »Ich denke, neunzig Prozent der Produkte, die wir verkaufen, haben wir als Team selbst ausprobiert und für gut befunden«, sagt sie. Durch die eigene Erfahrungswelt kann sie die Artikel guten Gewissens anbieten. Zudem kann dadurch eine persönliche Beratung stattfinden und zur Kundschaft ebenfalls eine Bindung aufgebaut werden. Neben Klassikern wie Dr. Hauschka lassen sich allerlei neue Marken entdecken, wie zum Beispiel *Playin Choc*, die mit ihren nachhaltigen Überraschungswürfeln mit Schokolade und Pappspielzeug für Kinder eine Alternative zu dem herkömmlichen Produkt darstellen.

Eröffnet wurde die Naturdrogerie im Jahr 2013. Damals war Jeannette Sturm in ihrer Anstellung als Bilanzbuchhalterin unzufrieden und sie suchte nach einem Job mit Sinn. Und da kam ihr die Idee und sie gründete die erste Naturdrogerie in Ostdeutschland, worauf sie bis heute stolz ist. Heute ist ihr Geschäft für sie, ihre Mitarbeiterinnen und Kundschaft zugleich ein Ort zum Austausch und Wohlbefinden. Regelmäßig finden ausgewählte Events statt, unter anderem Feldenkrais (eine Entspannungstechnik) oder thematisch passende Lesungen.

Direkt nebenan finden sich in der Spielwarenhandlung Gohlis großartige Mitbringsel und Geschenke für Kinder.

 Tram 12 bis zur Haltestelle Fritz-Seger-Straße

om.sein.
Gohliser Straße 35/37
04155 Leipzig
0160 98717007

Bio-Kaufmannsladen
Gohliser Straße 40
04155 Leipzig
0341 49626872

59 Für mehr Spiritualität
Mode- und Yogageschäft om.sein.

Direkt neben der Naturdrogerie Sturm befindet sich das *om.sein.*, ein Shop für nachhaltige Mode sowie Zubehör für Yoga und Spiritualität. Das ist kein Zufall, sondern liegt daran, dass beide Geschäfte von Jeannette Sturm gegründet wurden und geführt werden. Mit *om.sein.* will sie Menschen ansprechen, die sich für Dinge interessieren, die ihrem Leben mehr Ruhe, Klarheit, Balance und Freude bringen.

Wer den Laden betritt, dem steigt gleich ein wohliger Räucherwerkduft in die Nase. Die klare, moderne Einrichtung bietet eine unaufgeregte Kulisse für Schmuck, ausgewählte Bücher, Yoga-Zubehör und Kristalle. Mit diesem Sortiment richtet sich Jeannette Sturm an Kunden, die »sich achtsam, bewusst, liebevoll um sich selbst kümmern und annehmen.«

Augenmerk liegt dabei auf nachhaltiger und fairer Ware und einem Netzwerk gleichgesinnter Geschäftspartner und Firmen. Vertreten ist beispielsweise die Marke *Lotuscrafts*, die sich auf die Fahne geschrieben hat, Menschen, die Yoga und Meditation praktizieren, mit qualitativ hochwertigen und ökologischen Produkten zu versorgen. Konkret bedeutet das, dass die eingesetzte Baumwolle Bio-Qualität aufweist und dem GOTS-Standard entspricht. Die Herstellung erfolgt zudem überwiegend in der EU.

Auch die Räucherstäbchen von *Nepali Gardens* verfolgen ein grünes Konzept. Diese werden in Nepal hergestellt und direkt gehandelt, wodurch die an der Produktion beteiligten Menschen fair bezahlt werden können. Die Rohstoffe haben außerdem Demeter-Qualität – eine Seltenheit in diesem Marktsegment.

Gegenüber befindet sich ein Bio-Kaufmannsladen, wo man wunderbar Lebensmittel und Alltagsdinge grün einkaufen kann.

 Tram 12 bis zur Haltestelle Fritz-Seger-Straße

60 Aus einhundert Prozent Überzeugung
Unverpackt-Laden *Locker und Lose*

Seit der Eröffnung von *Locker und Lose* im Juni 2019 besitzt der Unverpackt-Laden mindestens zwei »gute Seelen«, nämlich die Gründerinnen Veronika »Vroni« Drefke und Kristin Zettl. Beide Frauen sind zu einhundert Prozent überzeugt von dem, was sie tun, und führen ihr Geschäft in Reudnitz mit viel Herzblut. Dabei bringen sie jeweils unterschiedliche Perspektiven mit ein.

»Kristin hat sich schon in ihrer Jugend mit dem Thema Nachhaltigkeit und Tierwohl beschäftigt und engagiert«, verrät Vroni. Im Betrieb liege Kristin Zettls Schwerpunkt daher auf dem Einkauf der Waren. »Qualitativ gute und gesunde Lebensmittel zu konsumieren, ist ihr eine Herzensangelegenheit.« Sich selbst beschreibt Vroni als Kopf des Ladens, denn Tabellen und Zahlen sind ihre Leidenschaft, weshalb sie den Überblick bei organisatorischen und buchhalterischen Angelegenheiten behält.

Locker und Lose bietet im Grunde das gleiche Sortiment wie ein Supermarkt – nur eben unverpackt und in der Regel in Bio-Qualität. Wie viel man mitnimmt, kann man bei jedem Artikel individuell entscheiden, denn man füllt alles eigenhändig ab. Abgerechnet wird zum Schluss auf der Waage – frei nach dem Motto: »Kauf das Produkt, nicht den Müll dazu.«

Viele Waren beziehen die beiden Inhaberinnen aus der Umgebung, außerdem legen sie Wert auf saisonale Lebensmittel – das ergebe sich aber bei einem regionalen Schwerpunkt von allein, wie Vroni erklärt. Wer das regio-saisonale Essen direkt genießen möchte, dem sei der Mittagstisch ans Herz gelegt, der an einigen Tagen pro Woche bei *Locker und Lose* angeboten wird. An den Verkaufsraum angegliedert befindet sich ein kleiner Cafébereich, in dem man sich in entspannter Atmosphäre zurücklehnen kann.

Zum Einkaufen sollte man bestenfalls seine eigenen Gefäße mitbringen. Wer zu Hause keinen Vorrat an Gläsern oder Dosen hat, kann welche vor Ort erwerben.

 Tram 15 oder Bus 60 bis zur Haltestelle Ostplatz

Reudnitz

**Tauschregal
Lene-Voigt-Park**
Reichpietschstraße 59
04317 Leipzig

Espresso Zack Zack
Albert-Schweitzer-
Straße 2
04317 Leipzig

61 Zum Mitnehmen
Tauschregal Lene-Voigt-Park

Der Lene-Voigt-Park ist der Ort, an dem das soziale Miteinander in Reudnitz stattfindet: Hier gibt es ein Beachvolleyball-Feld, einen Spielplatz, eine Skate-Anlage, Tischtennisplatten und eine große Wiese, auf der man es sich gemütlich machen kann. Die Grünanlage bietet vor allem im Sommer vielfältige Möglichkeiten, seine Freizeit unter freiem Himmel zu gestalten. Und dieses Angebot wird von den Bewohnern des Kiezes gerne genutzt. Seit einigen Jahren gehört zu dem Bild auch ein Tauschregal, liebevoll »Lenes Tauscho« genannt. Es steht am östlichen Ende des Parks auf Höhe der Ecke Eilenburger Straße/Albert-Schweitzer-Straße beziehungsweise Reichpietschstraße/Kippenbergstraße.

Das Regal wurde auf Initiative einer Gruppe um Aaron Krautheim errichtet, der selbst im Leipziger Osten aufgewachsen ist. In »Lenes Tauscho« können Kleidung, Bücher oder andere gut erhaltene Gegenstände zum Verschenken beziehungsweise Tauschen hinterlassen werden. Der Schrank dient aber nicht nur gemäß dem Konzept der »Sharing Economy« der Nachhaltigkeit, sondern soll darüber hinaus für Menschen mit geringem Einkommen eine Anlaufstelle bilden.

Das Projekt wurde durch ein Crowdfunding finanziert, wurde jedoch im Mai 2023 durch einen Brand zerstört. Ein zweites Crowdfunding, bei dem 3.000 Euro gesammelt wurden, ermöglichte schließlich die Wiedererrichtung von »Lenes Tauscho« im Sommer 2023, diesmal aus stabilerem Stahl. Nach wie vor stellen die Spuren, die Tauschwillige und Passanten hinterlassen, eine Herausforderung dar. Nach Freiwilligen, die das Projekt mit betreuen, wird deshalb immer gesucht.

In direkter Nachbarschaft liegt die Kaffeebar *Espresso Zack Zack*, in der leckerer Kaffee und herrlicher Kuchen angeboten werden.

 Tram 4 oder Bus 70 zur Haltestelle Breite Straße

Schleifenfänger
Kippenbergstraße 4
04317 Leipzig
0341 24765678

62 Brautkleider nach Maß
Modelabel Schleifenfänger

Mit ihrem Label *Schleifenfänger* hat sich die Maßschneiderin und Modedesignerin Laura Hertel einen Traum erfüllt. Als sie zu ihrer Hochzeit im Jahr 2013 ein selbst designtes Kleid trug, war das Feedback so positiv, dass sie die Idee entwickelte, individuelle und nachhaltige Brautmode zu fertigen. 2015 setzte sie das Vorhaben in die Tat um und eröffnete ihr Atelier. Seitdem hat sie viele Bräute glücklich gemacht.

Dort, wo heute die Nähmaschinen rattern, befand sich früher eine Fleischerwohnung und danach ein Reisebüro. »Als liebevolles Atelier haben die Räume ihre wahre Bestimmung gefunden«, sagt Laura Hertel. Sie und ihr Team entwerfen jedes Jahr eine Kollektion, die individuell an die Bedürfnisse und Vorstellungen der Bräute angepasst werden kann. »Das Besondere an *Schleifenfänger* ist, dass wir die Kundinnen wirklich sehen und auf ihre Wünsche eingehen können«, betont Laura Hertel. »Das verbindet auch meinen Service der Farbberatung und persönlichen Stil-Sessions mit den Brautkleidern, die mit viel Liebe vor Ort in Leipzig gefertigt werden.«

Ein besonderes Augenmerk legt Hertel bei den Designs auf die Wiederverwendbarkeit – denn das Outfit soll nach der Hochzeit nicht im Schrank verstauben. Deshalb bietet sie auch eine Reihe von Zweiteilern aus Oberteil und Rock an. Nicht nur die handwerkliche Fertigung und das On-demand-Konzept zeichnen *Schleifenfänger* aus Nachhaltigkeitsgesichtspunkten aus, sondern auch die Materialwahl: Vor allem Tencel, Bio-Baumwolle und recyceltes Polyester kommen zum Einsatz.

Für Leute, die gerade keine Hochzeit planen, bietet Laura Hertel Farb- und Stilberatungen an.

 Tram 4 oder Bus 70 zur Haltstelle Breite Straße

Reudnitz

63 Entdeckungstour für Groß und Klein
Familienerlebnisgarten

Im Familienerlebnisgarten kommen Groß und Klein zusammen, um gemeinsam zu entdecken und zu lernen. Mit seinem vielfältigen Angebot in der Natur stellt der grüne Ort ein beliebtes Ausflugsziel für alle Altersgruppen und zugleich ein Vorzeigeprojekt für ehrenamtliches Engagement dar.

»Ohne zu übertreiben, nutzen mehr als 30.000 Personen jährlich unseren Garten«, erklärt Volker Wönckhaus. Gemeinsam mit seiner Familie und der Anwohnerschaft gestaltete er auf seinem 1.000 Quadratmeter großen Privatgrundstück den öffentlich nutzbaren Bürgergarten und erhielt dafür 2019 den Ehrenamtspreis der Stiftung *Bürger für Leipzig*. »Durch unser bürgerliches Engagement schaffen wir Freiräume für mehr Lebensqualität in der Großstadt.«

Nicht nur mehrere Spielplatzareale wurden angelegt, sondern auch ein Barfußpfad sowie ein Spiel- und Fitness-Parcours für körperliche Betätigung. Eine Schnupper- und Streuobstwiese lädt zum Kosten und Kennenlernen unterschiedlicher Fruchtsorten ein. Auf ihr befinden sich zudem verschiedene Klanginstallationen, an denen man ausprobieren kann, welche Töne Rohre, Äste, Löffel oder Autofelgen von sich geben. Auf dem Gelände steht darüber hinaus ein traditioneller Holzbackofen, wo mit Kindern Brot und Brötchen in althergebrachter Weise gebacken werden.

Auf dem Areal befinden sich zudem einige andere Einrichtungen, unter anderem die *Kinderturnbar*, in der man zu den Öffnungszeiten Essen und Getränke bekommt. Außerdem gibt es mit dem *Springmäuschen* ein Bewegungsland, das Kurse für Kinder bis sechs Jahren bietet und von Volker Wönckhaus' Frau betrieben wird.

Das Gelände beherbergte früher einen städtischen Wirtschaftshof, der seit 2010 von Volker Wönckhaus und seiner Frau sowie einem Team aus Freiwilligen umgestaltet wird.

 Tram 12, 15 bis zur Haltestelle Technisches Rathaus

Reudnitz

64 Fast Food ohne Tierleid
Veganer Imbiss Vleischerei

»Vöner«, »Vönerteller«, »Cürrywürst« oder »Thüüüringer« – in der *Vleischerei* gibt es alles, was das Fast-Food-Herz höherschlagen lässt, aber ausschließlich vegan. Statt Fleisch werden Sojageschnetzeltes und Seitanwurst aufgetischt. Bei Seitan handelt es sich um Fleischersatz aus nur einer Zutat, nämlich Gluten, dem Klebeeiweiß im Weizen. In der veganen Küche der Vleischerei kommt Seitan unter anderem als Dönerersatz zum Einsatz, und zwar stilecht vom Drehspieß. Wer es etwas gesünder mag, der sollte sich für den Antipasti-Teller mit gegrillter Paprika und Zucchini, Balsamico-Champignons, Hummus, Remoulade und Zaziki entscheiden.

Ein echtes Highlight des Imbisses sind die Soßen, die jedem Gericht die persönliche Note verleihen. Vor allem das Zaziki und die Käsesoße schmecken wirklich hervorragend. Ein Schwerpunkt der Speisekarte liegt auf Burgern. Als Gast hat man die Wahl zwischen Patties aus Seitan und Linsen, Tempeh, Gemüse und Hülsenfrüchten oder Sojasteak. Dazu werden Limos, Wasser und Bier gereicht. Als Alternative zu den herzhaften Gerichten stehen verschiedene Kuchen und Kaffees zur Auswahl.

Die *Vleischerei* befindet sich auf der möglicherweise bekanntesten Meile Leipzigs. Die Eisenbahnstraße galt lange als gefährliches Pflaster. Das Viertel mit dem Rabet als Stadtteilpark, zahlreichen Cafés und internationalen Supermärkten zeigt sich heute jedoch ausgesprochen lebendig und bunt und ist vor allem bei Studierenden sehr beliebt.

Die Cocktailbar Kune liegt unweit der *Vleischerei* und ist ebenfalls vegan – der perfekte Ort für einen Absacker nach dem Abendessen.

 Tram 3, 8 bis zur Haltestelle Torgauer Platz

Volkmarsdorf

65 Möbel aus zweiter Hand
Sozialwarenhaus

Das Sozialwarenhaus in der Eisenbahnstraße ist ein durch und durch sozialer und nachhaltiger Ort. Das Angebot richtet sich vor allem an Menschen mit einem geringen oder gar keinem Einkommen. Möbel, Haushaltsgegenstände, Mode und Spielzeug werden sehr günstig angeboten, damit sie für alle erschwinglich sind.

Die Waren stammen unter anderem aus Haushaltsauflösungen oder aus Spenden. Jeder kann zu den Öffnungszeiten vorbeischauen und gut erhaltene Waren abgeben. Das Team ist immer auf der Suche nach Kleidung, Technik, Möbeln sowie Haushaltsgeräten wie Waschmaschinen oder Kühlschränken. Im Sozialwarenhaus kann man sich sicher sein, dass die nicht mehr benötigten Stücke ein sinnhaftes zweites Leben erhalten und anderen eine Freude bereiten. Das Geschäft sieht sich damit auch als Gegenpol zur Wegwerfgesellschaft.

Die Mitarbeitenden stehen ihren Kunden bei der Suche nach Einrichtung oder Alltagsgegenständen übrigens ebenso engagiert zur Seite wie Beschäftigte in einem klassischen Möbelhaus. Vielmehr spürt man, dass sie mit viel Herzblut bei der Sache sind und sich gerne für die gute Sache einsetzen, für die Umwelt und unsere Mitmenschen.

Das Sozialwarenhaus dient zudem einem weiteren Zweck, nämlich der Schaffung von Arbeitsplätzen und der Reintegration in den Arbeitsmarkt. Dafür werden gezielt Langzeitarbeitslose beschäftigt und durch »Learning by Job« (»Lernen beim Arbeiten«) für den Arbeitsmarkt qualifiziert.

Die Annahme der Spenden erfolgt über den Eingang in der Bülowstraße 53.

 Tram 7, 8 bis zur Haltestelle Annenstraße

Sellerhausen

NOSCH.La Tortita
Ferdinand-Jost-Straße 35
04299 Leipzig
0172 5749712

66 Kreative vegane Küche
Café-Bar NOSCH.La Tortita

»Ich habe schon immer den Wunsch gehabt, ein Café zu eröffnen«, erklärt Vanessa Rothe de Henríquez. Diesen Traum erfüllte sie sich 2020 mit *NOSCH.La Tortita* in Leipzig-Stötteritz. Ob ihre kreativen veganen Kreationen ankommen, hat sie vor der Eröffnung mit einem Catering-Service getestet. Ihr Konzept begeisterte, sodass der Weg zum eigenen Lokal mit pflanzenbasierter Küche bereitet war.

Neben einer Auswahl an Kuchen und Desserts bietet Vanessa Rothe de Henríquez herzhafte Speisen wie den Antipasti-Teller oder den Nosch-Burger. Letzterer ist ein echtes Unikat und sollte unbedingt probiert werden. Die Kombination aus Laugen-Bun und Rote-Beete-Patty ist einfach großartig. Serviert wird der Burger mit Chips und Aioli.

Bei der Zusammenstellung ihrer Speisekarte legt die Inhaberin und Köchin ein besonderes Augenmerk auf Allergene, so wird nicht jeder Kuchen mit Soja oder Weizen zubereitet. Worauf Vanessa Rothe de Henríquez ausgesprochen stolz ist? »Wir haben fast keine Reste und werfen daher kaum etwas weg!« Der hausgemachte Hummus werde zum Beispiel immer in großen Mengen produziert und dann eingefroren und bei Bedarf portionsweise aufgetaut.

Seit sie 16 Jahre alt ist, arbeitet Vanessa Rothe de Henríquez in der Gastronomie. Dass sie das Café ausgerechnet in Stötteritz eröffnet hat, ist dem Zufall geschuldet beziehungsweise dem Umstand, dass damals in diesem Viertel viel Raum freistand. Neben ihrem Lokal ist sie heute auch mit einem eigenen Stand auf Straßenfesten und Märkten in Leipzig vertreten.

Catering bietet Vanessa Rothe de Henríquez weiterhin an. Am besten anrufen und das nächste Fest mit kreativen veganen Speisen planen.

 Tram 4 zur Haltestelle Rathaus Stötteritz

Stötteritz

67 Permakultur in der Stadt
Bio-Hof ernte-mich

Acht verschiedene Sorten Pflaumen und allein fünfzig unterschiedliche Tomatenarten – auf dem Bio-Hof von *ernte-mich* in Liebertwolkwitz wird Vielfalt großgeschrieben. Anfang 2013 kam Gründer Richard Hagedorn die Idee, auf dem Gelände Beete zum Mieten anzubieten. Heute betreibt das Unternehmen nachhaltige Landwirtschaft mit eigenem Lebensmittel- und Pflanzenverkauf sowie Veranstaltungen und Exkursionen.

»Ich war davon überzeugt, dass selbst in einem Kleingarten mehr Platz ist als nur für eine Person. Daher wollte ich auch andere animieren, Selbstversorger zu werden«, erklärt Richard Hagedorn. Heute gibt es die Mietbeete zwar immer noch, aber diese machen mittlerweile nur einen geringen Teil des Geschäfts aus. Den Hauptteil erwirtschaftet der Hof durch den Verkauf von Obst, Gemüse und Kräutern. Das Besondere: Die Lebensmittel werden nicht nur biologisch, sondern zudem in Permakultur erzeugt. Das bedeutet, dass die Kreisläufe der Natur als Vorbilder dienen, um ein möglichst sich selbst regulierendes Ökosystem zu schaffen. Pestizide und chemische Düngemittel haben demnach keinen Platz bei *ernte-mich*. Auch eine abwechslungsreiche Fruchtfolge und Mischkulturen sind wichtig. Da darüber hinaus nur mit gesammeltem Regenwasser gegossen wird, der ausgesprochen humushaltige Boden viel CO_2 speichert, ist die Treibhausgas- und Wasserbilanz des Hofes sehr gut.

Das geerntete Obst, Gemüse und die Kräuter können entweder im Hofladen oder auf dem Samstagsmarkt in Plagwitz erworben werden. Außerdem kann man sich wöchentlich eine Bio-Kiste liefern lassen. Ein Highlight für die gesamte Familie ist und bleibt allerdings der Besuch auf dem Bio-Hof, bei dem die Kinder sehen können, wo und wie ihr Obst und Gemüse wachsen.

Das Hoffest findet zwei Mal im Jahr statt und gewährt tiefere Einblicke in den Betrieb und die Gemeinschaft rund um Richard Hagedorn.

 Bus 75, 609 bis zur Haltestelle Eulengraben

68 Erfolgreiche Verwandlung
agra Messepark

Der *agra Messepark,* der an der Grenze zwischen dem Leipziger Stadtteil Dölitz-Dösen und der Kreisstadt Markkleeberg liegt, ist heute vor allem als Schauplatz des alljährlichen Wave-Gotik-Treffens überregional bekannt. Doch rund ums Jahr werden zahlreiche vielseitige Events auf dem weitläufigen Areal und in den Messehallen veranstaltet, wie zum Beispiel der monatliche Antik- und Trödelmarkt, der Hosenscheißer-Flohmarkt oder der Kreativmarkt. Das Gelände auf eine Heimat für Flohmärkte zu reduzieren, wäre aber fatal – denn der Park hat einiges zu bieten und ist ein beliebtes grünes Ausflugsziel für Groß und Klein.

Der Name des Messeareals und der angrenzenden Grünanlage rührt von seiner einstigen Funktion her: Über mehr als 50 Jahre lang fand an diesem Standort die Garten- und Landwirtschaftsausstellung *agra* statt. Nach erfolgreicher Umnutzung wechseln sich inzwischen auf der 190 Hektar großen Fläche Wiesen, Weiher, Teiche und Baumbestände ab. Das Areal beheimatet zudem einige Kulturdenkmäler, wie das Weiße Haus (die ehemalige Villa von Paul Herfurth, der den Park anlegte) oder das Torhaus Dölitz sowie mehrere Tempel. Auch Museen stehen verteilt auf dem Gelände, unter anderem das Deutsche Fotomuseum, das Völkerschlachtmuseum, das Zinnfigurenmuseum, das Mühlenmuseum oder die Elektrotechnische Sammlung.

Die imposante Gaststätte im *agra*-Park dient seit 2006 als Ort für größere Feiern. Kulinarisch bietet sich die Auswahl zwischen einem italienischen Restaurant und der Spreewaldschänke.

Im Deutschen Fotomuseum werden mehr als 70.000 historische und zeitgenössische Aufnahmen ausgestellt. Ein Besuch lohnt sich!

 Tram 11 bis zur Haltestelle Leinestraße

Umland

Brot & Kees
Kees'scher Park 1
04416 Markkleeberg
0341 26451181

69 Natürlich lecker
Café Brot & Kees

Wer nach einem Ausflug an den Cospudener See einer Stärkung bedarf, der sollte unbedingt bei *Brot & Kees* einkehren. Das Café liegt nicht nur günstig direkt an der beliebten Radstrecke um den See, sondern bietet zudem eine vielfältige natürliche Speisekarte. Und der dazugehörige Naturkostbereich bietet Genuss für zu Hause.

Im Sommer kann man jeden Tag im Freisitz frühstücken, im Winter wird das Büffet in der warmen Stube aufgebaut. Das Angebot reicht von Aufstrichen, pikant wie süß, über Joghurts und Obst und Gemüse bis hin zu besten Backwaren. Am Nachmittag lockt *Brot & Kees* mit hausgemachten Kuchen sowie herzhaften Speisen wie Paninis, Suppen und saisonalen Gerichten. Bei der Auswahl der Lebensmittel und Getränke wird Wert auf Regionalität gelegt. Der Bio-Kaffee stammt aus der Leipziger Rösterei *Ronny Alber* und der Honig kommt aus dem angrenzenden Kees'schen Park. Diesem verdankt das Café auch seinen Namen – das 100.000 Quadratmeter große Gelände lädt zu jeder Jahreszeit zum Spazieren im Grünen ein. Einige saisonale Veranstaltungen wie das Halloween-Fest und der Advent im Park ziehen zahlreiche Besuchende an.

Im angeschlossenen Naturkostladen können ausgewählte regionale Bio-Lebensmittel erworben werden, die im Café zum Einsatz kommen – perfekt, um sich für ein Picknick am See einzudecken oder ein Gericht von der Speisekarte in den eigenen vier Wänden zu genießen.

Gegründet wurde *Brot & Kees* 2012 von Thomas Recknagel. »Das historische Portal, das heute den Eingang zum Café bildet, war ursprünglich das Tor zu einem historischen Leipziger Gebäude«, verrät er. »Am Kees'schen Park erhielt es einen neuen Einsatzort – so ging Nachhaltigkeit bereits vor 150 Jahren.«

Zu *Brot & Kees* gehören ebenfalls einige Ferienwohnungen, die wie das Café in unmittelbarer Nähe zum wunderschönen Cospudener See liegen.

 Bus 65, 106 bis zur Haltestelle Gautzscher Platz

70 Erfrischung im Sommer
Steinerlebnisplatz am Markkleeberger See

Wasser marsch! Der Steinerlebnisplatz liegt in unmittelbarer Nähe des Verbindungskanals zwischen dem Störmthaler und dem Markkleeberger See. Auf diesem Erlebnisspielplatz können Kinder in der Natur matschen, planschen, erkunden und ausprobieren. Gerade an heißen Tagen ist ein Besuch eine willkommene Abkühlung.

Die Gestaltung des Areals ist wirklich einzigartig, denn unter anderem wurde ein eiszeitlicher Bachlauf nachgestellt. Drumherum befinden sich zahlreiche Groß- und Kleingeschiebe aus der Eiszeit sowie Aktivstationen mit Steinen. Dort lassen sich zum Beispiel Tertiärquarzite und verkieselte Hölzer entdecken. Die Kinder können einen zwei Meter hohen Kletterfelsen erkunden, einen Baum besteigen und die Bachschaukel nutzen. Ein Highlight bildet der beschattete Sandkasten, bei dem es sich um eine Fossiliengrube handelt, in der nach echte Versteinerungen gebuddelt werden kann.

Mit 2.000 Quadratmetern ist das Areal großzügig angelegt, direkt an einer beliebten Radstrecke. Mitten in der Natur gelegen eignet sich der Steinerlebnisplatz für einen Tagesausflug. Zugleich sollte man die Umgebung erkunden, denn nur wenige Minuten entfernt befindet sich der Kanupark Markkleeberg, eine der modernsten Wildwasseranlagen Europas.

Auch der benachbarte Kletterpark ist einen Besuch wert. Wer es lieber gemütlich mag, kann beim Kanupark an einer Bootsrundfahrt über den Markkleeberger See teilnehmen.

Im Kanupark kann man nicht nur anderen beim Rafting zusehen, sondern selbst ins Schlauchboot steigen.

 Bus 106 bis zur Haltestelle Auenhain (Kanupark)

Markkleeberg

71 Flora und Fauna erleben
Botanischer Garten Oberholz

Der Botanische Garten Oberholz ist ein echter Geheimtipp, denn die meisten strömen zum bekannten Pendant im Stadtzentrum. Gut für diejenigen, die von der Oase in Großpösna wissen, denn hier genießt man Ruhe und kann die Anlage mit all ihren Pflanzen entspannt erkunden – und zwar mit der gesamten Familie.

Der Botanische Garten für Arznei- und Gewürzpflanzen Großpösna-Oberholz wurde 1936 von Leipziger Drogisten ursprünglich zur Vermittlung von praktischem Wissen über Arznei- und Gewürzpflanzen angelegt. Heute spielt diese Funktion immer noch eine große Rolle, was zum einen der großzügige Lehr- und Schaugarten beweist. Dieser beheimatet um die 450 Pflanzen. Zum anderen wird die Anlage dem informativen Anspruch durch zahlreiche Veranstaltungen rund um die angesiedelten (Heil-)Pflanzen gerecht. Das Programm des *Freundeskreises Botanischer Garten Oberholz e. V.* ist bunt und reicht von gemeinsamen Wanderungen durch das Oberholz über klassische Führungen bis hin zu Kursen und Seminaren zu aktuellen Themen wie Fermentation, veganem Kochen oder Kneipp. Speziell für Familien gibt es außerdem Bastelangebote, das jährliche Naturcamp in den Ferien sowie Konzerte, das Sommercafé, Lesungen und Theatervorstellungen. Das kulturelle Repertoire kommt vor allem dadurch zustande, dass sich der Garten seit einigen Jahren in der Trägerschaft des *Soziokulturellen Zentrums KuHstall e. V.* befindet.

Neben Flora beheimatet der Botanische Garten auch Fauna. Zu den tierischen Bewohnern gehören Kaninchen, Meerschweinchen, Vögel und Kamerunschafe. Dadurch entsteht ein lebendiger Ort, an dem Jung und Alt gemeinsam lernen und entdecken können.

Der Botanische Garten Oberholz kann auch für private Feiern und Kindergeburtstage genutzt werden. Einfach anfragen!

 RB113, RE60 bis Großpösna, Bahnhof Oberholz, oder mit Bus 75, 690 bis zur Haltestelle Pflaumenallee

Großpösna

Waldspielplatz Oberholz
Rudolf-Breitscheid-Straße
04463 Großpösna

Grieche am Kuhstall
Im Rittergut 3
04463 Großpösna
034297 41292

72 Kleinod unter Wipfeln
Waldspielplatz Oberholz mit Naturlehrpfad

Der Waldspielplatz Oberholz ist das perfekte Ausflugsziel mit der Familie im Sommer. Alte Baumbestände spenden dem gesamten Gelände Schatten, sodass man sich jederzeit über milde Temperaturen freuen kann. Trotzdem ist die idyllische Anlage nicht überlaufen, vor allem unter der Woche.

Auf dem Waldspielplatz kommen Kinder aller Altersgruppen auf ihre Kosten. Für die Kleinen steht ein Sandkasten mit Brunnen bereit, für Ältere ein Baumhaus mit Rutsche, Tunnel zum Verstecken und eine Kletterwand. Auch eine Eisenbahn aus Holz und ein »Spinnennetz« laden zum Erkunden ein. Und für die ganz Großen gibt es sogar ein Fußballfeld, auf dem man sich austoben kann. Die Eltern können derweil an einigen Tischen bequem Platz nehmen.

Der Spielplatz kann wahlweise als Ausgangs- oder Zielpunkt für eine Wanderung oder einen Spaziergang im umliegenden Wald genutzt werden. Mit Nachwuchs bietet sich der in unmittelbarer Nähe startende Naturlehrpfad an. Um dorthin zu gelangen, geht man die Rudolf-Breitscheid-Straße, an welcher der Spielplatz liegt, in entgegengesetzter Richtung ein kleines Stück weiter, bis zur Gaststätte Büffeltränke, und biegt dann rechts ab. Auf dem Weg erwarten einen eine Reihe von Schautafeln (zum Beispiel zur regionalen Vogelwelt) und eine Schutzhütte, die zur Rast einlädt.

Mit der Regionalbahn in Richtung Geithain erreicht man den Bahnhof Oberholz vom Hauptbahnhof Leipzig aus in kurzer Zeit, sodass ein Ausflug zum Spielplatz ohne Auto möglich ist.

Großpösna besitzt mit dem Griechen am Kuhstall *ein hervorragendes griechisches Restaurant mit Spielecke für Kinder, in welchem man sich nach einer Wanderung stärken kann.*

 RB113, RE60 bis Großpösna, Bahnhof Oberholz, oder mit Bus 75, 690 bis zur Haltestelle Pflaumenallee

Großpösna

Altes Kranwerk Naunhof
(Anfang April bis Mitte Oktober)
Lutherstraße 10
04683 Naunhof
034293 471800

73 Landpartie
Kulturhaus Altes Kranwerk

Das Kranwerk in Naunhof wurde 2007 von einem alten Industriegelände zu einem freien Raum für alternative und kreative Kultur umgewandelt. Selbst ein Paradebeispiel für Nachhaltigkeit, beheimatet das Areal zahlreiche grüne Projekte, Konzepte und Events.

Obschon es im Umland liegt, ist das Kulturhaus bei den Leipzigern so beliebt, dass man bei Veranstaltungen kaum einen Parkplatz bekommt. Ein Grund mehr, das Auto stehen zu lassen und mit der Regionalbahn anzureisen. Vom Naunhofer Bahnhof führen nur wenige Minuten zu Fuß zum Alten Kranwerk.

Wer das Areal betritt, merkt schnell, dass das ein außergewöhnlicher Ort ist: Hier trifft Industrie-Charme auf eine alternative Szene, eine Tiny-House-Siedlung liegt zwischen alten Werksteilen. Das Herzstück bildet eine große Halle, in der sich eine Küche und ein Ausschank befinden. In den Sommermonaten wird jeden Sonntag im Inneren und im Freisitz das Radlercafé veranstaltet, bei dem Speisen und Getränke aus regionalen Bio-Zutaten angeboten werden. Neben einigen Konzerten, die rund ums Jahr stattfinden, ziehen zwei große Märkte viele Besucher an: der Faktum Werksadvent im Dezember und das Oster-Faktum im Frühjahr. Zu diesen Veranstaltungen wird ein Markt organisiert, auf dem man kunsthandwerkliche Erzeugnisse kaufen kann, dazu Sirupe, Marmeladen und Bonbons aus der Region.

Kinder können sich auf dem Spielplatz des Geländes austoben, während die Eltern einen Kaffee trinken oder auf dem Markt stöbern – so kommt die ganze Familie im Kranwerk Naunhof auf ihre Kosten. Neben einem Schiff zum Klettern, einer Schaukel und einem Klettergerüst stehen für die Kleinsten auch einige Fahrzeuge wie Dreiräder zur freien Nutzung bereit.

Naunhof liegt an zwei Seen. Nach dem Besuch des Kranwerks bietet sich (im Sommer) ein Abstecher zum Moritz- oder Grillensee an.

 RB110 bis zum Naunhofer Bahnhof

Naunhof

74 Für die, die hoch hinauswollen
Kletterwald Leipzig

Der Kletterwald Leipzig verspricht grünen Freizeitspaß für die gesamte Familie: Hier kann man mit reiner Muskelkraft aus einem Baumwipfel wie Tarzan in ein Netz springen, in atemberaubender Höhe das Balancieren üben und auf einer Seilrutsche zurück auf den Boden rasen. Und das ist nur eine kleine Auswahl der Attraktionen und Hindernisse, die Besucher des Kletterwalds Leipzig erwarten.

Auf einer Fläche von rund drei Hektar befinden sich insgesamt elf Parcours mit über hundert Elementen für alle Abenteuerlustigen ab sechs Jahren und 110 Zentimeter Körpergröße. Für die Kleinen stehen insgesamt fünf Kurse zur Verfügung, ab zehn Jahren und 140 Zentimeter Körpergröße zählt man im Kletterwald zu den Großen und darf alle Strecken testen. Sonstige Voraussetzungen muss man nicht erfüllen, da die Parcours für alle mit durchschnittlicher Fitness geeignet sind. Man sollte aber auf lockere Freizeitkleidung und festes Schuhwerk achten.

Wer nach einer aufregenden Unterkunft sucht, der sollte sich unbedingt das Baumhaus auf dem Areal anschauen. Dort schläft man in zwölf Metern Höhe, mitten im Kletterwald. Das Baumhaus bietet Raum für zwei Erwachsene, ein Frühstück kann dazugebucht werden. Wer bevorzugt, näher am Boden zu schlafen, für den kommen stattdessen das Tipi-Dorf oder der Campingplatz infrage. Und da der Kletterwald direkt am Albrechtshainer See liegt, kann man auch SUPs ausleihen.

Im Kletterwald können Kinder ihren Geburtstag feiern! Auch ohne besonderen Anlass lädt die Umgebung zu Erkundungstouren ein.

 Bus 75, 640 bis zur Haltestelle Dorfstraße/Albrechtshain

Bergkirche Beucha
Kirchberg 11
04824 Brandis

75 Ein absoluter Geheimtipp
Kirchbruch und Bergkirche Beucha

Wo früher Beuchaer Granitporphyr geschlagen wurde, befindet sich heute eine der romantischsten Ecken im Leipziger Umland. Der Kirchbruch und die Bergkirche Beucha geben gemeinsam nicht nur ein ausgezeichnetes Fotomotiv ab, sondern stehen für eine nachhaltige Landschaftsgestaltung.

Der Steinbruch, der das Gotteshaus früher von drei Seiten umgeben hat, wurde in den 1950er-Jahren stillgelegt. Die alten Gruben wurden mit Wasser gefüllt, und dadurch entstand ein beliebtes Naherholungsgebiet. Durch den intensiven Bergbau erhielt die Kirche einst ihre exponierte Lage auf dem Felsensporn. Dort oben öffnet sich eine wunderbare Aussicht auf das Leipziger Umland. Am Fuße des Berges locken im Sommer viele Badestellen zu einer Abkühlung. Im Südosten ist ein Einstieg in den See über eine Treppe möglich, im Norden versteckt sich ein Zugang über eine kleine Wiese.

Die Geschichte der Kirche ist lang und bewegt. Schon um 1300 soll es an dieser Stelle ein Gotteshaus gegeben haben. Das ursprüngliche Gebäude wurde im Laufe der Jahrhunderte immer wieder in Teilen zerstört. Während der Völkerschlacht 1813 diente es als Beobachtungspunkt. Im Zuge der Intensivierung des Porphyr-Abbaus wurde im 19. Jahrhundert der Abriss diskutiert. Der damalige Pfarrer Eduard Stephani konnte diesen aber glücklicherweise abwenden. Stattdessen wurde das Bauwerk sogar erweitert.

Die Steinwände des Kirchbruchs werden heute von vielen als Boulderstrecke genutzt. Viele Familien finden sich am Ufer zum Picknicken ein, denn im Sommer sorgen das Wasser, das Gestein und die vielen umstehenden Bäume für ein angenehmes Klima.

Der Beuchaer Granitporphyr wurde in vielen bekannten Gebäuden in Leipzig verbaut, wie zum Beispiel beim Völkerschlachtdenkmal, dem Leipziger Hauptbahnhof oder dem Alten Rathaus.

 RB110 bis zum Bahnhof Beucha

Linke-Hof
Brandiser Straße 79
04316 Leipzig
0341 6513617

76 Demeter-Landwirtschaft hautnah
Linke-Hof

Wo unsere Lebensmittel herkommen, das wird auf dem Linke-Hof schon für die Kleinsten greifbar. Bei einem Besuch im Hofladen der Demeter-Landwirtschaft am Rande Leipzigs kann man sehen, wo das Obst und Gemüse angebaut werden. Nur wenige Meter vom Eingang entfernt erstrecken sich die hofeigenen Felder. Während die Eltern sich umschauen und einkaufen, können die Kinder im Sandkasten auf dem Gelände spielen – eine Win-Win-Situation!

Die Geschichte von Reinhard Sommer auf dem heutigen Linke-Anwesen beginnt kurz vor der Wende. Sommer hat damals schon die Vision eines Demeter-Hofs. Seine Bekanntschaft mit dem Arzt Christoph Richter, der für seine Patienten biodynamisches Obst und Gemüse bei Leipzig anbauen lassen wollte, sorgte letztlich dafür, dass dieser Traum in Baalsdorf Realität wurde. 1989 erwirbt der Arzt den Hof vom Bauern Linke. Heute gehört er dem *Verein für Ernährungsökologie,* der unmittelbar nach der Wende gegründet wurde.

Aktuell werden 8,5 Hektar Pachtland von Lindela und Reinhard Sommer gemeinsam mit ihrem Team aus Mitarbeitenden, Lehrlingen und Praktikanten bewirtschaftet. Dabei arbeiten sie nach den Demeter-Richtlinien bodenschonend und nachhaltig. So wird zum Beispiel auf chemisch-synthetische Düngemittel und Pestizide verzichtet, und viele Bodenarbeiten werden durch die beiden Kaltblutpferde verrichtet. Neben Obst und Gemüse bauen die Sommers auch Kräuter und Blumen an, außerdem werden hofeigenes Fleisch, Honig und Backwaren angeboten. Neben dem Laden bietet der Linke-Hof seine Lebensmittel auf dem Leipziger Wochenmarkt in der Innenstadt an. Zudem besteht die Möglichkeit, sich regelmäßig mit frischen Lebensmitteln in einer Abo-Kiste beliefern zu lassen.

Wer den Betrieb von allen Seiten kennenlernen will, der sollte unbedingt auf dem Hoffest im Herbst vorbeischauen.

 Bus 73 bis zur Haltestelle Baalsdorf Kirchweg

**Hejmo Homes
Musterhaus**
Schützenstraße 2
04668 Grimma
0160 7075997

Nerchauer Brauhaus
Am Grünen Winkel 1
04668 Grimma
034382 40574

77 Ein grünes Tiny House
Bauunternehmen Hejmo Homes

Bauen frisst viele Ressourcen, ist mit einen enormen CO_2-Ausstoß verbunden und relativ unflexibel. Wenn man irgendwann mehr oder weniger Platz benötigt, bleibt einem in der Regel nur der Umzug. Anders ist das bei Hejmo Homes, einem Grimmaer Unternehmen, das angesichts von Klimawandel, mangelndem Wohnraum und steigenden Mietpreisen mit modularen Häusern neue, nachhaltige Wege geht.

Wird mehr oder weniger Raum benötigt, kann das eigene Heim unkompliziert erweitert oder wieder zurückgebaut werden. Möglich machen dies Module, also fertigen Raumzellen, die beliebig miteinander auf bis zu einhundert Quadratmeter kombiniert werden können. Das kleinste vollständige Haus umfasst wiederum ein Bad- und Technik-Modul, ein Küchenmodul und ein Wohnmodul – auf 33 Quadratmetern Wohnfläche.

Wer sich das mal näher anschauen möchte, kann das Musterhaus in Nerchau bei Grimma besuchen. Wer sich von dem Konzept selbst überzeugen möchte, der kann das Tiny House über Booking.com oder Airbnb als Unterkunft buchen. Die Einrichtung eignet sich wunderbar für zwei Gäste. Neben der modularen Bauweise setzt das Team um Gründerin Lisa Weise-Hoff vor allem auf eine hohe Energieeffizienz und eine Auswahl nachhaltiger Materialien. Der Strom wird über eine Fotovoltaikanlage gewonnen, die wiederum eine Wärmepumpe antreibt. »Unsere Partner und Lieferanten stammen aus einem Umkreis von 150 Kilometern«, erklärt Lisa Weise-Hoff. Nur für einzelne Bestandteile werden längere Lieferwege in Kauf genommen. Außerdem werden kaum Verbundstoffe eingesetzt, sodass die Häuser im Grunde »recycelbar« sind. Insgesamt 70 Prozent CO_2-Emissionen werden dadurch über den gesamten Lebenszyklus eingespart.

In Nerchau befindet sich die erste reine Bio-Brauerei Sachsens! Die köstlichen Biere kann man in vielen umliegenden Geschäften kaufen.

 S- oder Regionalbahn bis zum Bahnhof Wurzen oder Grimma, im Anschluss Bus 694 bis zur Haltestelle Nerchau/Schützenstraße

Grimma/Nerchau

78 Wichtelzauber für die ganze Familie
Freizeitzentrum Rauszeit Höfgen

Höfgen bei Grimma zählt zu den schönsten Dörfern in Sachsen, ganz offiziell. Ein Besuch lohnt sich aber nicht nur deshalb. Für Familien bietet das Projekt *Rauszeit Höfgen* einzigartige kreative Ausflugs- und Freizeitformate an der frischen Luft an, bei denen mit viel Bewegung in der Natur ein Gemeinschaftserlebnis geschaffen wird.

Initiatorin ist Marja Hemken. In ihrem Leben hat sie schon viele Berufe ausprobiert: Sie war Orchestermusikerin, Musikpädagogin, Quereinsteigerin im Lehramt und hat mitwachsende Kinderkleidung geschneidert. Im Jahr 2022 hat sich die Mutter von zwei Kindern mit der *Rauszeit Höfgen* einem neuen Herzensprojekt angenommen. Auf den Erlebnisspaziergängen wandeln Familien auf den Spuren von Wichteln. Überall im Dorf hat Marja Hemken dafür Hinweise versteckt. Auf der Website kann man die dazugehörige Geschichte und den Lageplan kaufen. Damit ausgerüstet zieht man auf einer Schnitzeljagd durch das idyllische Dorf an der Mulde und wird an jeder Ecke auf andere Art und Weise verzaubert.

Marja Hemken selbst wuchs beschaulich und naturnah auf, weshalb sie sich schon immer für die kleinen Details um sie herum begeistern konnte. »Dass nicht jeder all das dort draußen überhaupt wahrnimmt, ist mir erst viel später bewusst geworden«, erklärt sie. Mit ihren Spaziergängen will sie anderen dabei helfen, den Blick für die Nuancen unserer schönen Umwelt zu schärfen. Dabei setzt sie vor allem auf Materialien, die aus der Natur kommen. »Da werden Kastanien und Zapfen zu einer geheimnisvollen Spur und aus Knöterich entstehen die großen Wichtel, Blattgesichter, der Zauberkristall und sogar Wichtelschaukeln«, erzählt Marja Hemken. »Ihr werdet also nie ein Plastikfähnchen oder Ähnliches von mir auf den Routen finden.«

Wer es nicht nach Höfgen schafft, der kann die Erlebniskiste *Rauszeit auf Reisen* nutzen, um bei sich den Wichtelzauber spürbar zu machen.

 RB110 bis zum Bahnhof Grimma, im Anschluss Bus 632 bis nach Höfgen

Elisabeth Green,
**Lieblingsplätze
Berlin nachhaltig**
192 Seiten, 14 x 21 cm
Klappenbroschur
ISBN 978-3-8392-2612-4

Sie wollen Ihre freie Zeit bewusst gestalten? Ihren ökologischen Fußabdruck so klein wie möglich halten, ohne auf Vergnügen, Shoppen oder Restaurantbesuche zu verzichten? Elisabeth Green verrät Ihnen Plätze in Berlin, an denen Sie Genuss und Gewissen miteinander in Einklang bringen können. Ob Ausflüge in die Natur, ein Abstecher in Bio-Cafés oder faire und nachhaltige Einkaufstipps – auf dem Streifzug durch die Hauptstadt überzeugen alle Orte mit einem grünen Konzept und versprechen zugleich ausgelassenen Freizeitspaß für Jung und Alt!

Alexandra Achenbach,
Lieblingsplätze in und um München – nachhaltig
160 Seiten, 14 x 21 cm
Klappenbroschur
ISBN 978-3-8392-0377-4

Das Gute liegt so nah, man muss nur wissen, wo man suchen soll! Folgen Sie Alexandra Achenbach zu ihren nachhaltigen Lieblingsplätzen in und um ihre Heimatstadt München. Von den kleinen Oasen der Ruhe, über bio-zertifizierte Restaurants und vegane Cafés bis zu Naturerlebnissen für die ganze Familie – alle Ziele sind mit dem öffentlichen Nahverkehr erreichbar, so ist umweltbewusster Freizeitspaß garantiert! Kommen Sie mit auf dieses Abenteuer und entdecken Sie die nachhaltige Seite der Metropolregion München.

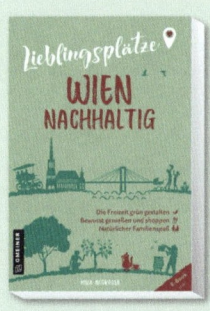

Mira Nograsek,
Lieblingsplätze Wien nachhaltig
192 Seiten, 14 x 21 cm
Klappenbroschur
ISBN 978-3-8392-2928-6

Herzlich willkommen in der »grünsten Stadt der Welt«! Mit einem Nationalpark innerhalb der Stadtgrenzen, zahlreichen Parks und einem hervorragenden öffentlichen Nahverkehr hat Wien allerhand für das umweltbewusste Herz zu bieten. Folgen Sie Mira Nograsek zu ihren nachhaltigen Lieblingsplätzen und lernen die Metropole von einer anderen Seite kennen. Genießen Sie Wiener Kaffeehauskultur in Bio-Cafés und probieren sich durch das Angebot von Bio-Restaurants und Unverpacktläden. Bewusster Genuss und Freizeitspaß mit der ganzen Familie sind garantiert!

Ralph Grüneberger,
Lieblingsplätze Sachsen
192 Seiten, 14 x 21 cm
Klappenbroschur
ISBN 978-3-8392-2626-1

Sachsen ist groß. Auch territorial. Ein Schlösser- und Burgenland. Bereisen Sie es am besten über mehr als sieben Brücken von Nord nach Ost, über Elbe oder Neiße. Von Torgau nach Görlitz. Beides sind Brückenstädte. Symbole für Völkerfreundschaft und Frieden. Andere Fluss- oder Landüberquerungen wie das Blaue Wunder in Dresden, die Göltzschtalbrücke im Vogtland oder die Könncritzbrücke in Leipzig verkörpern den technischen Fortschritt. Auch dafür steht das Automobilland Sachsen. Ebenso für seine Kunst und Kunstfertigkeit, sein Hand- und Kopfwerk.